Du même auteur
Aux mêmes éditions:

Transse atlantique 2015

A paraître :

Lucie 2015

ROUGE COUCHANT
SOLEIL
LE VENT

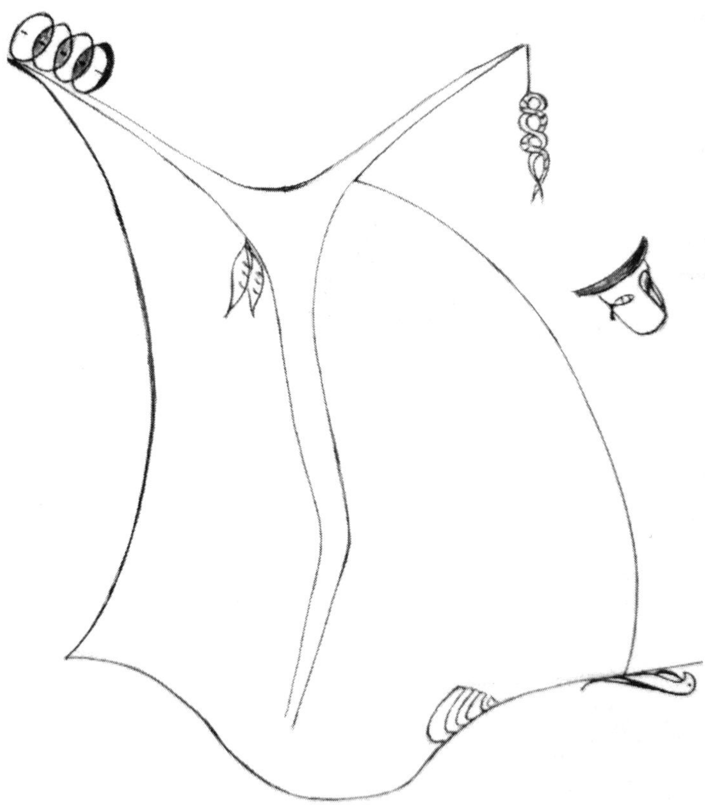

Conception graphique et réalisation: Véro H Costes

Une deuxième édition illustrée en couleurs est parue aux éditions Red Panda en 2015

redpanda.editions@gmail.com
Web: www.oumaginaire.org

IBSN 979-10-94914-02-1

François Umâ Garcia

Rouge couchant
Soleil
Le vent

RED PANDA EDITIONS

Préface

Cette aspiration au voyage, ces cheminements à toute petite vitesse ont mené Oumâ de la mer Rouge à l'océan Indien parce que la beauté simple et importante de ces régions ouvre la présence du cœur. C'est qu'il faut lui donner de l'espace pour exister, pour que l'énergie puisse circuler ! Dissolution paisible d'un ego formaté par un monde occidentalisé, étriqué puis abandonné sans peine au seuil de l'Orient.
Trois voyages entre 1988 et 2003 où trois voiliers s'y sont appliqués.
Trois années ferventes de vie intense à bord du p'tit Oumâ jusqu'à l'île de la Réunion les yeux de l'esprit grand ouverts sur les êtres, le milieu naturel où la magie de la vie se produit.
Trois mois d'un convoyage de Brest à la Réunion à bord d'un coursier imprégné de mer bleue au sens accru que la nature impulse.
Trois semaines d'un con-voyage de Djibouti au Kenya à bord de "Static II", gadget nautique capricieux clinquant, en souffrance de simplicité.
Parce que la vie est mouvement, parce que la vie est un voyage où nous sommes en chemin depuis toujours, rien n'est à ajouter, tout est déjà là, il suffit de le révéler. C'est ce que Oumâ savait déjà et c'est pourquoi il y retourna.
Trois nouvelles années distillées de beauté crue, abrupte, du silence de ces lieux où le boucan de nos pensées, de leur désordre sait s'assagir, s'ouvre à l'essentiel. Le moment présent devient un refuge, un lieu d'observation, lieu où la vie se déroule pour de vrai. L'expérience de la mer, de la navigation, la vie sobre à bord du voilier amènent à la rencontre profonde du corps et de l 'âme, ce qui n'est pas toujours très agréable ni facile mais déleste de tout ce qui peut nous empêcher de trouver la légèreté d'esprit essentielle à l'ouverture du cœur: il suffit de savoir faire le choix d'être heureux.
La vie est voyage, le voyage est poésie, l'amour est poésie. J'aime la vie, J'aime ce récit qui sait me faire rire, il m'emporte vers l'intemporalité qui conte la joie de pouvoir regarder le cycle solaire chaque jour renouvelé, de se relier à un phénomène universel si bon, si subtil.
La magie de la navigation en mer Rouge est de marcher sur la terre en pleine conscience.

Véronique H. Costes

A VENT PROPOS

Le vent sait faire des vagues, des histoires.
Et mettre de l'âme aux voiliers.
Pour Oumâ il fit une épissure belle et sauvage.
Trois brins.
Un de Mer Rouge, un d'Océan Indien, un Voyageur.
Un premier départ de Normandie pour l'hémisphère Sud, un petit mot posé sur le bord du pont : Oumâ, Rayon de Lumière sanskrite,
Paix de la Nuit pour éveiller l'Orient, des mers et des terres où nous retournons souvent,
des bateaux que nous avons construits.

M E T E O   R I T E S

Le vent

Toujours le vent

Vent du levant

Vent devant

Vent dedans

Qui s'engouffre

Arracheur dedans

Vent d'amont

Vent des monts

Vent d'aval

Inspirée, expirée, exercice grec

Petit vent tard qui vient de loin

Vantards hier

Vent à vent

Vents épissés et chauds

Vent sable

Vent debout

Au vent du Nil

Îles au vent

Îles soûlent au vent

Aller aux deux vents

Rouge couchant soleil le vent

A vent d'entrer soufflez un peu

Vent pire

Vent mordant

Jeu, vent des cerfs volants

Les vents taillent

Passes à vent

Vent dune or

PRÉS EN BULLES

Sous la lune le vent s'absente. Par-dessus la couronne de brumes blanches de l'île reine, la lanterne du phare du Creac'h lance ses éclairs sur le large, mettant au défi les cargos du grand rail. Oumâ croise le grondement lourd et ampoulé du Saint-Tillian fonçant dans la pénombre, poursuit sa route sur les éclats marines puis se glisse dans une veine de jusant qui le porte aux guipures de rocs et d'écumes, gardiens d'Ouessant. Le suroît arrive avec la marée, il nous faut manœuvrer nos voiles et nos lendemains.

Barques amarrées
Bars que Camaret affrète et bourlingue
Victor a les yeux bleu anse de sa mer
Le patron du crabier marche de biais
Celui du langoustier a rentré ses antennes
Amarrés
Á Camaret haute
Á Camaret basse

Camaret Camaret Camaret

TEMPÊTE Tempête Tempête TEMPÊTE

Galice Galice Galice

Ciels de traîne d'un hiver atlantique,
L'Irlande espagnole, forêts de brumaire,
L'attente dans les ports.

Et le détroit de Gibraltar qui prévoit l'Orient.
Froide mer Levantine de février, blanche et illuminée de visions, cité fantôme apparue puis engloutie à l'aube.
Mer imaginaire, ivresse sacrée.

Nous n'irons pas en Sardaigne. Les lames cassent sur les hauts fonds, explosent contre les falaises, infléchissant notre route vers Bizerte.
La Tunisie ne fut pas la tasse de thé à la menthe attendue. Vu d'un œil pas très touristique le pays vit en ombres chinoises. Foules consignées par le désir brutal d'un Ben Ali (Gator) terriblement copain avec nos coqs d'Etat.

Les îles Kerkennah du Nord restent les exils de rois généreux, les barques y sont poissonneuses, l'amitié florissante.
Nous quittons l'Afrique, un nouveau compagnon de voyage à bord. Je vous présente Charabia, bébé chatte élevée au biberon qui se lance sur la Méditerranée. C'est l'acrobate du voilier.

Si la vie fut vache pour la mortelle Io changée par Zeus en génisse, le divin par indifférence aura au moins épargné aux îles Ioniennes la beauté des maquis odorants et des oliveraies qui apaisent les vagues de l'âme, à nous donner envie de retrousser nos manches pour une ruine, d'y vivre à jamais.
Assis au rebord d'une falaise, la conscience parcourue de vent et d'oiseaux, le voyage nous rattrapa de justesse.
Nous visitons la Crète, y restaurons la caisse du bord tombée elle aussi en ruines, voilerie à la demande, sellerie, artisanat. Les rentrées dépassèrent les espérances.
Á la taverne de Sitia, Socratès le marin philosophe à barbe blanche secoue nos certitudes platoniques de ses harmonies de mer, redessinant un chemin vers des lieux de peines ou de féeries.

L'île Karpathos tire de longs nuages lenticulaires, épais manteau rouge annonciateur du coup de vent. La mer hache la route qui longe une côte sauvage au caractère trempé où les îlots rongés grondent d`écume.
Il faut trouver l'entrée de Tristoma. Pour la passe il semble que ça va être olé-olé car la largeur de 100 mètres que donne le guide nautique au seuil, pas l'édition, la position, se concrétise à la baisse. Une quinzaine de brasses scellées d'un noir caillou relié au fond. Á éviter. Oumâ se jette dans le venturi généré de la fracture de la falaise, Dom guide notre course à l'avant. Youp ! Prenons la vie à la philosophie de Socratès : avalons la coupe jusqu'à la lie !
Propulsé vers le lagon le voilier s'enfile au fond d`un abri cerné de collines.
Souffles retenus, reflexes débridés, nous sommes d'un coup déposés à l'intérieur de la crique où des mules guettent d'un œil brillant expert. Virement urgent de plus de 90 degrés, le bateau va glisser sur une eau verte et calme, tout s'apaise, mer, sel et rythme cardiaque.
Au soir le vent forcit, la chaine tire et la coque tinte du clapot. Sur fond de feu un écu cuivré descend, découpant les saillies de la passe, alors l'ombre ensorcelle Tristoma.

Les nuits marines s'écoutent d'une oreille imaginative et désinhibée, la démiurgie de l'eau participe à la dissolution.

Au coeur de la nuit le gémissement se peuple de voix.

- Des lutins Tamar !!

Hissant la tête par le capot, ce qui arrive est extraordinaire. Massif, un bateau de pêche longe Oumâ, le vent lourd a éteint le bruit de ses moteurs.

À la tempête ils se sont faufilés dans ce goulet aveugle ! D'accord, ils connaissent le coin mieux que le fond de leurs poches mais la mer doit salement remuer pour les pousser à tenter ce coup. Au bout de leur quotidien les pêcheurs se ruent sur les gamelles à la lueur des ampoules.

Mer Rouge

LIVRE I

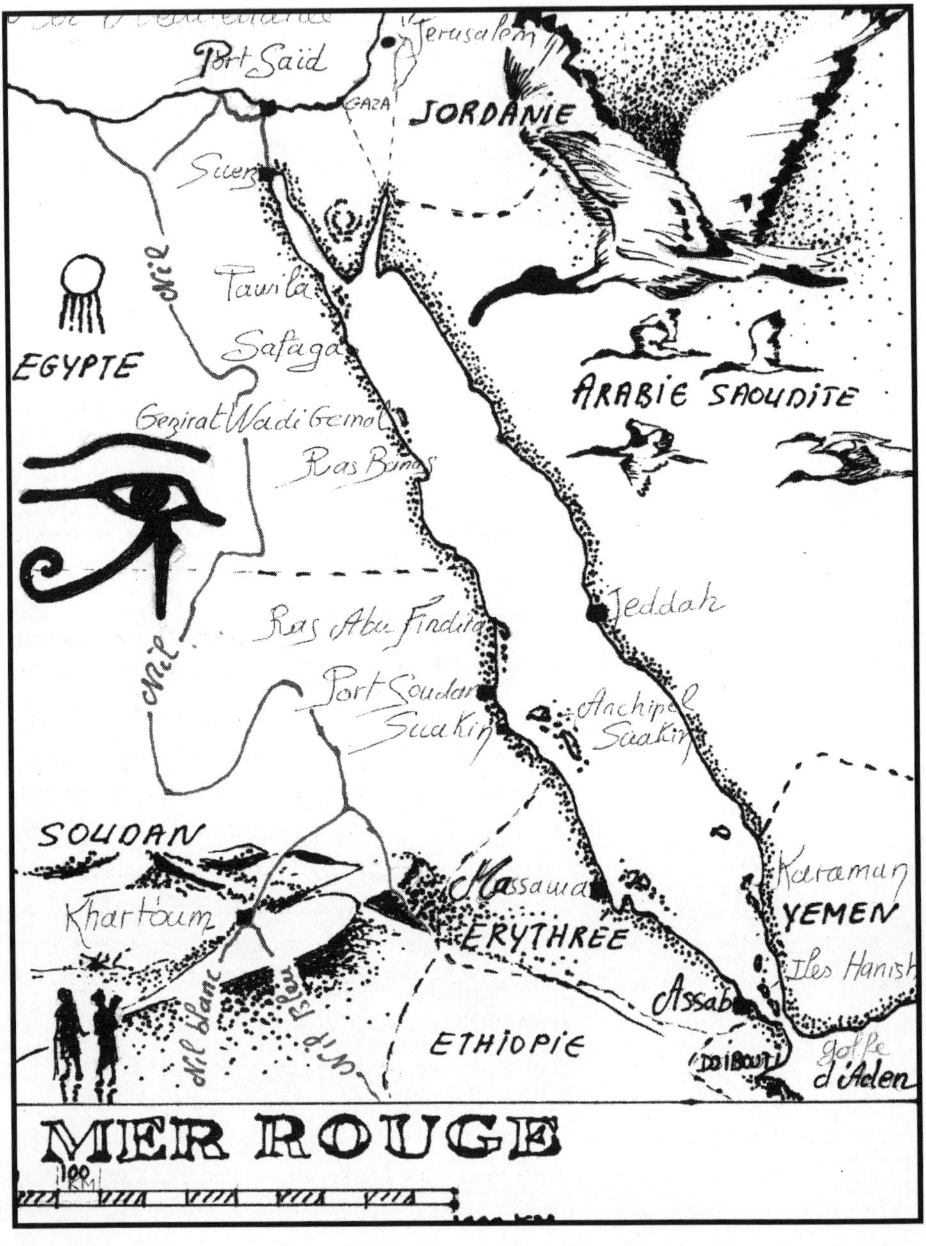
Port Said
Jerusalem
GAZA
JORDANIE
Suez
Tawila
Safaga
EGYPTE
Nil
Gezirat Wadi Gemal
Ras Banas
ARABIE SAOUDITE
Ras Abu Findita
Jeddah
Port Soudan
Suakin
Archipel Suakin
SOUDAN
Massaua
Karaman
Khartoum
YEMEN
ERYTHREE
Iles Hanish
Assab
Nil blanc
Nil Bleu
ETHIOPIE
DJIBOUTI
golfe d'Aden
MER ROUGE
100 KM

Mer Rouge

La mer est bleue
Le ciel est bleu
Comme un soleil
La terre est rouge
Le soleil rouge
La mer Rouge

De belles journées adoucissent le bassin Est méditerranéen. Jean-Marc et son fils Léo, huit ans, ont un billet rouge salé pour Le Caire. Traversées, rythme, ancrages ou détours bousculés par les rendez-vous nous profitons de ce coup de pouce de février pour goûter au sort des matelots disparus à l'horizon. Un zeste de Nord-est, un dé de Nordé envoyé par des mânes aimables, déités marines en java sur le milieu d'une traversée qui dura moins de deux jours rendant les déplacements au pont un brin titubants d'une ivresse de marin en goguette, nos grandes voiles blanches cherchant désespérément l'air manquant à un équilibre dans le clapot croisé. Quand Poséidon et son assemblée s'endorment paisiblement à leur lit d'algues et de sables, la mer devient un miroir à reflets d'étoiles sur lequel Oumâ s'abandonne, bien calé sur son bordé tribord. Aérien il traverse l'espace, enveloppé d'astres, rien ne bouge que le vent caressant, que le chant de l'eau jouant de la carène musicale. Des humeurs gaies fusées comme des rires clairs. Bientôt au-dessus de l'Afrique de bas nuages reflètent les lueurs d'Egypte, une lune rousse voyage aux fenêtres du ciel, deux gouttes de pluie se laissent tomber sur le voilier qui traverse ses dernières eaux de Méditerranée en coupant les routes fouilleuses de chalutiers violemment éclairés. De temps en temps une maigre barque prend forme dans la nuit pour se faire aussitôt gommer par le noir, la cigarette du pêcheur en feu de signalement.

À la carte marine étalée sur la table, des abysses blancs, des sondes remontant à 200, puis à 100 m puis une fine bande bleue bordée contre la côte, ruban de fonds moindres flirtant avec cinq mètres d'eau. Forcément, au canal de Suez, passage privilégié pour cargos de toutes sortes à leurs économies de carburant, un chenal est régulièrement dragué au Nord par d'énormes maries-salopes. Ça n'empêche que là, sous l'eau, la gigantesque marche qui délimite le plateau continental donne à la mer une bonne raison de se dresser à briser durement par forts vents venus de Borée. Aujourd'hui ça n'est pas notre affaire au zéphyr de S-O établi en brise thermique laminaire et lente ce dont profitent des barques papillonnes ou fourmis pour récolter le poisson, puis revenir à la renverse du soir à la respiration de la terre.
Le voilier Toï, rencontré à Port Saïd 11 ans plus tôt, en compagnie duquel le Petit Oumâ navigua, fit une renversante expérience de ce profil sous-marin :
Un gros bleu devant la mer Rouge. Appareillant d'un port plus au N-E il arrivait à la latitude des hauts-fonds tandis que le temps se renforçait en virant à la côte à devenir brutal. Salement secoués les marins réduisirent la toile au rythme de l'échelle Beaufort qui augmentait pour finalement se retrouver en cape sèche à peu de milles du but, propulsés par les vagues. Á l'abrupt une vilaine déferlante retourne Toï, envoyant le mât à l`envers et sa quille en l'air.
Les voiliers sont, théoriquement, dessinés puis construits pour se redresser seuls à l'endroit, ce qu'ils préfèrent. Le mât n'a pas cassé mais à bord des kilos de miel en pot se brisèrent et se répandirent jusque dans les sacs de couchage; ils s'en retournèrent à la ruche, ce jour là la porte était fermée.
C'est en riant de ce chahut qu'ils nous versèrent leur histoire, ce furent de bons copains, pas du tout collants.

Ravis et noués nous amarrons à nouveau un bateau aux vieux pontons déglingués de Port Fouad, pointe du canal de Suez. C'est immuablement un moment d'acuité même si ça n'a plus la soudaineté du premier voyage.

Le Petit Oumâ, ouvrant la trouvaille, y était arrivé en bourlingue pour les îles Mascareignes la quille à deux pieds des coups de pioche de Ferdinand de Lesseps, aussières tournées à l'Est, chaîne tendue à un Occident auquel nous étions encore un peu accrochés. Pourtant, humant le Sud, on sentait que ça ne durerait plus.
Pour gagner l'autre rive du canal les ferries bondés zigzaguent dans l'incessant trafic des cargos. En route pour Port-Saïd à souker ferme, chavirés au roulis des épices, les chaluts se remplissant de tomates à goût de tomate, de pamplemousses à goût de pamplemousse, pour finir échoués sur un gâteau de riz et redécoller avec trois amis retrouvés à Chypre, le moral soutenu par le corail proche.
Aux seconds nœuds de chaise sur ces planches usées le coursier que nous excitions de Brest au lagon de Mayotte, un ex voilier de course, avait perdu ses peintures aux tempêtes de Méditerranée. Partis blancs nous fûmes pelés au Sud de la Crète, bleus sur la mer Rouge puis grises mines au Mozambique, pompant l'eau que buvait notre course par un puits de dérive brisé aux vagues sauvages de l'océan Indien. 59 jours de mer à fond la caisse à outils.

Au canal des deux mondes on échange des grains de pluie pour des grains de sable. Dans la froidure d'une aube brumeuse Grand Oumâ embouque le chenal des supers containers, pétroliers ou paquebots le long desquels défilent épaves, balises et mosquées. Un chalutier traîne son filet pile dans les alignements forçant à un détour douteux l'œil collé au sondeur, ça caille sous les vêtements chauds.
30 mètres de chaîne dévidés, il faut remonter au vent traversier pour ne pas rater les pontons de bois du Sinaï. Pour l'accueil pas de soucis, tout voilier passant par là est impatiemment attendu.
Un agent, très classe, Ray Ban à poste assorties du blouson de cuir garni de l'attaché-case, anglais aisé, s'occupe de notre cas.
Mais où est Nagib ?

Nagib Latif, régisseur des taxes, recruteur des pilotes embarqués, donneur de départ, espérant ses bateaux au pied d'un bouquet de fleurs à offrir aux 'Madames' du bord.

- Monsieur Latif vous attend à son bureau.

Sur la pelouse, autour d'un café offert, les papiers inévitablement nécessaires (administrations française et anglaises sont passées par là) sont expédiés. Quelques vagues de cargos plus tard un énorme bouquet fleuri, admirablement composé, arrive. Costumé ultra chic, gominé, suave comme un pistil, descendu d'un gigantesque 4X4 neuf aux vitres fumées... Nagib !

Dites-nous ! Le bougre a décollé boosters allumés !! Homme de terrain devenu big boss business à la notoire différence qu'à l'inverse de quantité d'autres en sa situation il reste invariablement accessible et complice des marins. Tout, absolument tout est prévu. Hop ! Dans l'haute-aumobile à sièges de cuir, tableau de bord en loupe, climatiseur pour la frime à cette époque, musique douce. Au top zéro du compte à rebours nous sommes projetés à travers les rues agitées de Port-Saïd qui ressemble à une planète silencieuse depuis ce vaisseau.

Les couloirs de l'orchestre du canal Suez sont truffés de caméras, contraste insoutenable lorsqu'on arrive du large, salé des pieds aux cheveux, les yeux encore vagues. Des secrétaires élues à la grâce du feu de leur sourire allument des éclats qu'un marin solitaire s'efforcerait à identifier comme balise de guidage ou comme danger à contourner. Nous voici déposés dans de profonds fauteuils à siroter à la paille une citronnade ensoleillée, téléphone, fax ou Internet à consommer à volonté. On se regarde passer dans les livres d'or, y sont gravés les mots amicaux racontant les centaines de photos des bateaux joués sur la partition de Nagib. Bien sûr cela se paie cash mais avec ou sans courtier le tarif reste le même, alors autant bénéficier de chaleur humaine en cet hiver frisquet. Rentrés à pied en errant dans les rues et les magasins criards pour rejoindre le voilier de l'autre coté de la foule souple et habile, gamins marchands de sucre, ouvriers en compagnie de leurs femmes arrivés au bout d'une journée de travail pour empocher quelques légumes dans un sachet de plastique, mélangés aux vélos ou aux taxis du bac surchargé.

Les Normands arrivent !!

Jean-Marc est un Gaston la Gaffe, répétez le-lui ça le fera rire. Un seau plein d'eau c'est pour son pied. Une cigarette qui perce l'annexe, à coup sûr la sienne. Un bain de mer avec un appareil photos pour terrien, devinez. Le surveiller occupe la vie, pourtant lorsqu'il redevient Jean-Marc c'est un bon marin.

Il pleut sur l'Egypte, les frimas sont toujours là. Aux souks c'est le gourbi à patauger dans la boue mélangée de jus de poissons et de légumes pourris, pas emballant les odeurs, pas du tout.

C'est dégueulasse ! J'en ai marre ! Quand c'est qu'on va au bateau ! Boude Léo. Le souci de l'environnement est une réflexion qui n'effleure pas le citoyen local. Dans la rue aux vêtements, plus attrayante, Jean-Marc décide d'un équipement en vestes chaudes. Alors nous assistons à un duel du commerce entre grippes sous : un Nord africain contre un Normand. Dramatique ! Le vainqueur s'en tire par KO.

- Vas y largue !

Les amarres sont lovées au bruit du barbotin, le pilote saute à bord. Sur le canal chaque navire a obligation d'en embarquer un, pas forcément

utile pour la navigation - le dégourdi à réussi à se glisser dans le prix... Nez en moins ça fournit du travail aux descendants de Cléopâtre et des réponses quant à l'histoire environnante. C'est bien.
Nereiz, voilier blanc, part une heure en avance surpris par un professeur d'histoire ponctuel. Nina et Andrew, Polonais d'éclosion, Australiens de nationalité, naviguent vers le sultanat d'Oman où ils se plaisent à travailler pas embarrassés de frontières. Nous les retrouvons dans le crépuscule du lac Timsah, ancrés au bord de la ville d' Ismaïlia.

Courant dans le nez il a fallu pousser le moteur, éviter de justesse un remorqueur fou, croiser des monstres d'acier bourrés à la gueule et rangés en files impatientes entre les dunes dorées qui avalent les dernières carcasses tordues par une guerre de six jours.
Derrière les bordés de métal des milliers de mètres cubes matériels montent vers l'Europe où l'Amérique pour y être avidement consommés. Dans le ventre de nos petits voiliers juste le nécessaire à l'autonomie pour redécouvrir mille vies d'avant. Croisement de choc. Cet entassement ne perturbe plus nos esprits déjà lavés, maintenant tournés vers des besoins meilleurs.

Au soir ça ne traîne pas sur les ponts, le pilote débarque après avoir fourré son bakchich et les cadeaux pour ses enfants dans les poches de son grand manteau. Nuit étoilée. Un plat fumant réchauffe quatre lurons sonnés d'une journée de moteur qui vont sous peu s'écraser dans leurs couchettes, prêts dès le lendemain à glisser sur le dos du grand serpent d'eau.
Les ibis rouge orangé, allégories du dieu Thot inventeur d'écriture et peseur d'âmes d'ancienne Egypte, gardent les rives.

Perché sur un banc de brume
Le roi des oiseaux appelle
Tous à vos plumes !
Ecrivez des mots d'ailes
Ou des mots cœurs
Mais écrivez

Suez renaît à la dernière courbe. Le voilier est embossé de l'avant et de l'arrière à de grosses bouées blanches, par centaines des corneilles volent en nuages ou croassent dans les grands arbres, rien à voir avec le petit choucas à bec jaune des montagnes, qui bruisse ses ailes dans l'air. Là c'est gros oiseau noir à œil noir sur pattes noires qui s'énerve en tapant au sol un bec noir, le vacarme est tonitruant.

Ibrahim, l'agent populaire de l'autre bout du canal, arrive sur sa Vespa - qu'il vous fera chevaucher si le risque vous en dit - pour une visite. Lui aussi évolue, en tout cas dans les formes, il ressemble désormais à ces grosses boules auxquelles nous sommes amarrés mais en plus sombre. Son acolyte pousse au derrière tandis que nous tirons aux bras afin qu'il embarque. Lorsqu'il est dans la jupe la coque se cabre tel le cheval qui désarçonne un cavalier. Hue dia !

- Ah ! Cap`tain ! J'aime trop les kebabs ! Place-t-il entre deux souffles de forge. Dans la foulée il offre un énorme gâteau au chocolat inondé de crème rose. Léo est plié de rire.

Faire du gas-oil avant de nettoyer le voilier, les pleins d'eau, acheter fruits et légumes frais au marché bruyant tout colorié de soleil et nous partons pour le golfe de Suez.

Du pétrole mais pas de pétole

Ce golfe est un couloir de mer et de vent orienté N-NO, S-S E, armé de trois détroits.
Quel est le plus étroit détroit des trois ?
Gubal avec ses six milles nautiques. Á l'Ouest déserts et djebels, à l'Est la péninsule montagneuse du Sinaï. Il est influencé par les centres de pressions qui génèrent le climat de méditerranée Orientale. Ajoutez à cela de puissants thermiques issus des terres chaudes et teintés d'un filet d'écart de températures entre terre et mer et vous vous risquez à avaler un cocktail assez fort. La recette sera garnie de quelques amuse-gueules épicés, cargos énormes au-delà du raisonnable, plates-formes pétrolières brûlant la nuit comme les yeux. Si elles sont abandonnées vous pourriez même y goûter dès lors que votre bateau n'a pas de radar - comme le nôtre - ou selon l'état de mise à jour de vos cartes marines.
Servez vous d'une bonne rasade de courants, le parfum n'en sera que mieux relevé.

Alors voilà. Deux fois au milieu des nuits nous l'avions bu cette eau de vie, jusqu'au délirium. Désormais ce sera comme à la retraite, pépère sous le soleil...Pff ! La retraite... Par les temps qui courent personne n'est certain de l'apercevoir de loin ni de la percevoir de près; on continue de cotiser. Et encore on caresse la bête dans le sens du poil émus de ceux qui font route au Nord vent et mer à l'étrave. En un mot comme en cent, six semaines de zéphyrs soufflés à 35 nœuds (pas des nœuds plats) et deux révolutions terrestres de calme. Pourtant nous avons à bord nos gris-gris soutenus de prières mais Eole avait les oreilles bourrées de sable, il n'a rien entendu.

Ça éclate dès la première étape. Trois marins pour la manœuvre, la table à cartes ou les boissons chaudes ne sont pas de trop sur la mer panachée creusée de solides rafales se baladant du N-O au N-E au long de platiers de corail largement arrondis. Les moyennes sont élevées, Oumâ tire de ses voiles d'avant comme un allumé. C'est lorsqu'il faut remonter le flux aérien pour s'abriter sous une langue de sable ou dans une marsa - une baie - que se ressent la puissance des éléments.

Débarquer après avoir mouillé l'ancre ? Pas vraiment envie quand ça piaule, il faut surveiller les amers à terre. Au mouillage ce n'est plus la mer mais les dunes qui ondulent.

La vie est une grande balançoire suspendue au vent.

Léo et l'ebat scolaire

Vous souvenez-vous de votre prime scolarité ? Moi oui. Surtout de ces matins chauds d'Afrique quand mon frère et moi sautions sur nos bicyclettes en direction de l'établissement d'élevage cérébral pour virer à la dérobée vers la piscine, impatients de jouer à l`homme volant depuis le plongeoir, emplumés d'une serviette flottant dans le dos pour mieux planer. Jusqu'au jour où, découverts, l'arrière-train le paya très cher, encaissant une dérouillée dite "éducative".
Alors Léo, je le comprends.

Avec lui Jean-Marc et Béa, les parents, ont conclu un accord.

- Tu quittes l'école en avance mais tous les matins lecture, écriture et compte rendu de la journée précédente .

C'est d'usage mais tout le monde n'en convient pas car porter une telle discipline dans un environnement marin, sauvage, les pieds au pont d'un bateau, la tête dans les embruns, elle va prendre un fort coup de roulis. J'ai même vu des intentions tomber à l'eau et rentrer à la nage sans qu'il ne leur soit jetée la moindre bouée. Quelle éducation !
Jean-Marc s'attèle à lui faire avaler la pilule, blocage total. Certaines

séances échouent sur des colères, d'autres dessalent.
Là où les fenêtres s'ouvrent à l'espace les enfants découvrent de meilleurs chemins qu'un couloir de béton; au pays marmaille on vit souvent plus vrai qu'au monde adulte.

Oui, oui Avec plein d'idées loup phoque pour embêter les grands trop sérieux.

Et des petits poissons rouges
Et des petits poissons lunes
Que le petit pont soit lune
Que le petit pont soit rouge

Dans la rue icelle

Docteur en imaginaires que pensez-vous de la montée d'esprit de cet enfant qui n'en fait qu'à sa tête. La psycho logis n'explique pas tout, ce moi ci on dirait que son toi s'envole. C'est peut-être le moi doute dites.

Quelquefois il devient clair comme de l'eau alors on voit pleins d'animaux dans ses idées loup phoques. Un soir il se baladait dans l'appartement avec à la place de la tête un poisson lune brillant dans un bocal, ça a débordé, il a tout inondé en laissant de grandes traces lumineuses qui coulaient dans l'escalier en faisant des cascades bruyantes. On a ouvert la fenêtre sur la rue Icelle, les clochards riaient dans le caniveau parce que l'eau qui touchait les lampadaires les allumait de toutes les couleurs comme des lampions, faut dire que la municipalité avait cloué les becs parce qu'on peux plus payer; tout le monde a pataugé en riant, y se sont transformés, y'en avait avec des habits de Pierrot ou d'Arlequins, les oreilles des enfants ont poussé de pleins de poils, la figure de pleins de moustaches, même des queues de chats ! Et ils chantaient à la mi-août la lune et le loup !

Les policiers ont essayé de remonter les chutes pour passer les menottes aux petits poignets de l'allumeur de rêve Herbert mais la cataracte les a arrêtés et z'on pu rien vu. Les petits pois niais c'est dans la tête qu'y les avaient. On a appelé les pompiers qui sont venus sur un bateau far de

Bretagne, le gyrofar était brûlé alors y criaient très fort pruneau cru pruneau cuit et quand z'on tous voulu monter le chef a dit crânement:

- C'est à moi d'être en haut de l'échelon ! Alors les échelons se sont retirés et il est tombé de là-haut dans l'eau lumineuse et sapeur a disparu comme par enchantement. On a appelé le génie civil, le génie militaire, le génie rural, le génie une ni deux mais z'on pu rien faire contre le génie des eaux. J'ai voulu en parler à mon mari qui a toujours une solution à nos soucis durement gagnés et…

- Madame, contez sur moi !

- Vous imaginez qu'on peu faire quaiqu'chose docteur ?

- J'y songe, je suis eaux courantes de ces états de fête.

L'eau menthe à l'eau est fraîche, le vent mord. Dans un claquement de dents continu, heureusement amorti par l'embout caoutchouc des tubas, nous faisons quelques belles plongées dans le lagon turquoise de l'île Tawila accompagnés de balistes bleus, de perroquets bariolés mangeurs sonores de corail, une multitude de Picassos, des poissons clowns blanc orangé tournant autour d'anémones souples. Léo a trouvé une huître décrochée d'une roche, l'a ramenée à bord, son père l'a ouverte et dedans, hé bien oui, chers connaisseurs de mois en r ou d'émois en air, de même qu'à l'époque aventureuse de Monfreid, ce fût la pêche aux Filles de la Lune. Dans ce sadaf il y avait une perle ! Qu'il a soigneusement nettoyée et conservée pour l'offrir à sa mère.
- Maman, je te ramène une perle que j'ai pêchée dans la Mer Rouge…
Léo et sa fortune.
C'est plus vif qu'un achat à la boutique un jeudi, non ?

Une ruine érigée de corail blanchi se tient sur un monticule, nous y avions gravé le nom du P'tit Oumâ il y a bien des milles, le vent et les sables ont tout effacé, un mandala à redessiner.
Sur la route de Tawila les moutons courent la mer en troupeaux immenses. Il ne faut surtout pas les compter car ce n'est pas le moment de s'endormir à la barre. Nous fréquentons aussi des béliers. Le plancher de la jupe bouge puis s'échappe sous les coups de boutoir, acrobatiquement il est démonté et rangé en lieu sûr en attendant le bout de l'étape. Cap sur la rive Ouest du Sinaï, tout est solidement arrimé ou vérrouillé pour traverser le golfe, mer par le travers. Le voilier ne roule pas trop, appuyé sur l'air, des gerbes d'écume éclatent contre le bordé nous rinçant copieusement en tous cas suffisamment pour inciter Jean-Marc à tenter un subtil prétexte à l'éducation de Léo. Ca ne dure guère plus de cinq minutes, leur estomac ne sachant plus trop à quel rôle il est destiné. Une envie soudaine les ramène à contempler avec nous les montagnes de la péninsule rouge et mauve du Sinaï qui approche.
Entrée étroite, rouleuse, sans aucune correspondance avec la carte. Derrière une pointe de sable un peu dodue, presque une dune, abrités de la mer mais pas de ce vent qui insiste durement et qui n'a pas l'air de vouloir se calmer, on ne dessoûle plus à ses grands bols.
Le débarquement est estimé faisable en annexe gonflable, un comble au rythme de notre souffle. A ramer comme des galériens pour attraper la plage sans trop dériver afin d'aller saluer des pêcheurs tapis derrière les pierres empilées en muret. Leur menthe brûlante est partagée avec nos biscuits, eux sont au repos, une philosophie consacrée au thé ou à la sieste, enveloppés d'amples vêtements près du canoun. Il fait bon marcher sur le reg, étirer nos corps qui redeviennent élastiques d'une nouvelle énergie chatouilleuse.

Au camp la discussion sur le devenir du temps va bon train, le Hubub-la tempête - court sur les langues au rythme des bourrasques balayant les rives. Dès lors qu'ils diront samak - poisson - ils iront à nouveau mouiller les filets ou nouer les hameçons dans le détroit houleux de Gubal.
Après plusieurs visites, une pléthore de verres, des palabres graves ou

amusés soutenus de dessins tracés du bout des doigts, il est temps de retraverser, prendre le cap pour marsa Zeitiya au brisant des vagues éternelles. Au débouché de la petite baie une fantaisie soudaine nous surprend, un trou d'air, un manque. Oumâ joue au grand métronome, son mât balaie l'espace, les listons plongent dans la mer, on s'accroche ferme pour ne pas valdinguer, entrainés par la carène qui y va d'une danse effrénée du ventre bleu. Nos ailes battent comme un oiseau effrayé. A l'intérieur épouvantable tintamarre, un placard vomit ses repas.
Aussi soudainement le vent revient, le génois courbe son aile furieuse puis s'immobilise, buvant l'air rapide à grosses goulées, la grand-voile se fige, l'étrave pousse des vagues, nous revoilà sur un voilier .
Plateformes de forage, cargos à éviter, des Chinois suivis de Panaméens devançant les Libériens, des noirs, des rouges, attention au vert, des rouleurs, des tangueurs dérouleurs de milles à bruits sourds, un cap à tenir - nous avons un courant montant - quatre épaves posées sur les brunes chevelures hérissées du corail, frissons, non on ne s'ennuie pas à voguer dans le détroit où les fonds diminuent, où le goulet s'agite, penchés d`une ébriété qui fait oublier ce que la vie pourrait avoir d'ennuyeux.

Halte casse-croûte à Zeitiya avant d'embouquer une suite de virements sur un chemin appelé 'route des vents forts', nom apaisant à la course magnifique d'un chenal qui flâne entre les îles et les platiers adoucis de bancs de sable. Nous prenons le vent comme il vient, de l'arrière, dérive relevée ça dandine sur les eaux protégées, de hautes vagues brisent leur élan aux remparts de Gezirat Ashraf, l'île augmentée d'un phare.

Celui de Bluff Point dresse un blanc éclatant sur le bord de la falaise noire abritant la baie. Il se souvient du passage d'un voilier de bois en transe secoué d'émotion à la lisière du rail des cargos. Dans un vent puissant qui levait ses lames déferlantes nous déboulions vite au portant. Après avoir croisé un remorqueur maous dont la passerelle disparaît pour ressurgir ruisselante d'embruns des murs qu'il martèle, nous voyons notre dernier mille arriver quand une roche brune apparaît plantée à quelques vagues de l'étrave. Les palans de retenue sont prêts pour

l'empannage mais la manœuvre, pas très recommandable ici, hésite. Jean-Pierre file à l'avant pour mieux s'y épouvanter puis agite un bras qui encouragea à continuer au cap.
Une tortue de taille classée monstre respectable plongea à frôler la ligne de flottaison. Une tortue nageant est un beau spectacle, ce jour là elle combla ses admirateurs.

Oumâ s'en va le long de petites terres brunes isolées, découvrant les couleurs vives des barques enchâssées aux abris, ce soir nous mouillerons à Port Endeavour dans les bras de l'île Tawila, sous le sifflement aigu des aigles, là où depuis longtemps une perle attend l'arrivée de Léo.

Gabelous Gobeloup

Le voilier roule comme une barrique devant les quais de Hurghada, escale bourreaucratique que l'équipage n'apprécie guère et qu'il a rebaptisée Bourg Cracra. Il était nécessaire d'y amener notre méfiance car Jean-Marc et Léo sortent de l'eau pour s'élancer vers Camembertville après avoir réussi à rejoindre la piste d'envol dans un taxi qu'il faut pousser afin qu'il démarre, signe de retour en Afrique.

- Combien vous dites ?

- Ça fait 900 dollars US$ l'autorisation à changer de mouillage plus 300 pour les cinq jours d'escale.

- Recomptez bien parce que cela ne paraît pas cher du tout.

Déjà la nausée arrive en effluves, il va falloir être plus voleur que les voleurs, mépriser le mépris. Le garde champêtre se veut représentant des gabelous qui doivent attendre leur part du butin. Chui intelligent, chui douanier.
Nous débarquons un maudit paquet de fois aux quais battus d'un gros ressac huileux à tenter un autographe de ces êtres exceptionnels, ces

doux âniers qui passent leur temps à monter des combines d'arnaque dont le braiement ressemble drôlement à celui de chez nous.
Alors nous devenons fallacieux, mièvres comme des politiciens, horribles calculateurs à la nuance près qu'on en rougit encore.

- Monsieur l'administré nous venons payer la facture, que dis-je, cette broutille. Cependant à fin de transparence (très classe ou tendance) économique, une missive se doit d'être envoyée à votre ministère du tourisme en remerciement de l'accueil favorable, aussi nous le crierons haut et fort depuis notre pont pour qu'il aille se graver dans les journaux de bord des voiliers.

Cataclop, Chaïtane le diable passe en claquant des sabots.

- Revenez tout à l'heure…

Tout à l'heure, gratuité !! 1200 dollars victimes d'inflation chutent au jusant de la bourse des pertes et profits. Ainsi fait coutume la stratégie d'usure entre marins et administrés, certains équipages craquent, jurant jusqu'aux fonds des golfes qu'on ne les y reprendra point, mais notre patience est aussi solide que nos drisses.

Et un matin où le soleil jouait dans la houle, après qu'un gros pêcheur local eût emplâtré le liston, explosant la table de cockpit en plastoc pas cher de chez Leclerc amarrée dans les filières, on se dit que non, basta. Allez on décampe ! Le vent de Nord s'énerve sur le mouillage qui tricote encore avec celui de l'abordeur. Plus loin par le travers de l'île Gifatin el Kebir la mer propose un sérieux lavage du pont sous nos voiles bordées serrées, Dom est à la barre, son galant fait ce qu'il peut secoué par une rafale médicale, soignant plus un genou malade d'arthrose des montagnes que la route de son voilier.

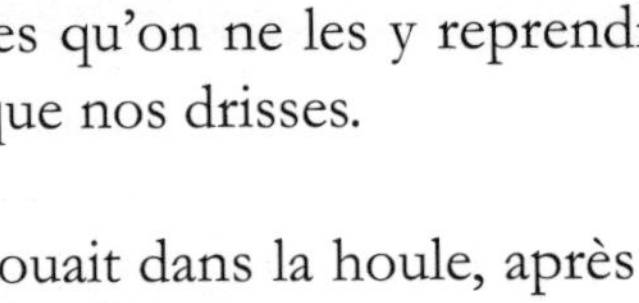

Comptes de l'Oasis étoilée

Il est urgent de dénicher la morsure du malalapathe qui grignote le voyage.

El Gouna veut dire L'Etoile. Á l'instar d'un ciel nocturne où certaines d`entre elles, plus brillantes, vibrent à l'œil, El Gouna s'est faite d'une architecture remarquable.
Un richissime homme d'affaire n'ayant point de lieu exquis rien qu'à lui pour y reposer son grand cheval fiscal, buvait sa tristesse. Ses palefreniers écumaient sans relâche afin de lui redessiner un sourire d'or. Un jour ils s'aventurèrent dans une lagune aux bras protecteurs, juste sous une étoile.

- J'achète !

Hélas le mirage est piqueté de pancartes : Propriété privée. Qu'importe, une bonne gastronomie va ramollir les fermetés, et de longs et délicats banquets plus tard - allez donc prononcer neuf milliards de livres du caviar plein la bouche, pas facile - on se félicite de l'accord signé.

- Allo Samir, si tu veux bâtir ton palais amène les pépettes.
- Un seul ?

Et hop ! C'est l'envolée financière, un palais étant redevable de quelques hôtels, quoi de plus banal entre gens nantis. Un concours international d'architecture est lancé, le thème : En-vi-ron-ne-ment ! Dénouement

exagéré, parfois respectueux et le désert changea. Style nubien aux coupoles ouvertes sur bleu céleste, éclats d'ocre, du rouge, de l'indigo, du blanc rayonnant, mosaïques et arabesques cintrées, des ponts de bois fleuris enjambent les canaux où circulent barques, annexes, les villas ont leur piscine, sûrement moins belle que celle qui entoure Oumâ.
Banques, hôpital moderne, un golf, regrettable erreur inondée d'eau douce, une école internationale, une usine électrique, un aéroport, une marina, une usine d'eau minérale, une de vin et une de bière. C'est à peu près tout. Aucun interdit ne viendra réprimander ces fantaisies, les brasseurs de monnaie sont coptes, vocable attribué aux anciens chrétiens d'Egypte, le chrétien voué au sacré calice, réceptacle plus infernal que ne le clame son épandage. Pour imager, je dirai c'est la différence entre un aliment naturel et son arôme artificiel.
Je comprends John Lash dans les textes fondamentaux de son livre Sophia-Gaïa lorsqu'il écrit que Christianisme, Judaïsme et Islam ne sont qu'idéologie politique violente déguisée en religion à fin de pouvoir. Ma vision Païenne adhère au constat.

Ainsi grandi un immense centre de tourisme à loisirs multiples, baptêmes d'air bleu, plongées inoubliables, mal de mer à dos de dromadaire, artisanat de qualité sur cuivre ou bois, tapis finement tissés, bars, restaurants, hammams voluptueux.
Nous ne sommes pas appachonés du cachet des voyages organisés, je sais bien que ça se voit, aussi filons nous amarrer Oumâ là-bas au Sud du lagon, à un ponton de bois ondulant pas même desservi par l'autobus. Deux voiliers y sont accrochés, Lis Estrambord (Les Enthousiastes) et Illusion, dans une pétarade de vedettes qui voltigtent aux plongées sous-marines.

On ne le sait pas encore, nous sommes là pour trois mois, le carré transformé en centre de médecine naturelle, de celle que nous avons à bord. Ma mère viendra apprendre à parler le poisson bulle, nous profitons de l'escale pour gréer une voile à l'annexe, fabriquer un taud de soleil à étendre sur Oumâ comme sur nos têtes, partir aux vallées royales, aux temples, lire aux portes des Mystères.

Vers le Sud

À hisser la grand aile à bloc, à établir le génois, à larguer les lignes de pêche.Vent portant fait mer belle. La bonne fortune dépose un talisman sur le pont, sa jolie brise dans les voiles ouvertes en papillon, thons, bonites mordent à pleine gueule, cadeaux que la mer bleue distribue en giclant ses crêtes banches.
La moyenne monte avec les thermiques de l'après midi qui agitent l'eau, balancés de roulis rythmique les chats hument l'air avec, on le devine, l'envie d'explorer la côte qui se renouvelle sans cesse par tribord ; les bons sillages traçant les bonnes nouvelles nous retrouvons à Abu Soma Heinz et Ollie absents depuis Chypre.
Safaga, port de commerce sans piment disparaît dans les bulles du safran, c'est reparti pour la navigation au goût sauvage, les étendues désertes, les rencontres singulières. Le seul os émergeant est la chaleur, à cause d'un genou caillou Oumâ se glisse dans l'été, son hiver et son printemps perdus. Un océan de méduses en dérive sous des parasols mauves et nos voiles qui battent à une dizaine de milles de Marsa Alam, ouvrent l'entrée dans le brasier.
Alam, jade sertie d'émeraudes, dès la passe un guetteur grimpe dans les barres de flèches pour veiller aux affleurements du corail. La manœuvre

impérative, après l'ancrage, est la mise en place du taud, notre ciel à étendre, parce que monsieur l'astre de vie avertit que sinon il pourrait nous en cuire.
La terre approchée est une zone d'exploitation minière d'or, d'argent et de cuivre. Une barque motorisée arrive à toute berzingue avec à bord deux bonhommes criant de filer au plus vite.
- Ho, ho !! D'abord les présentations ! Nous débarquons les formules de politesse en idiome local, une porte s'entrebâille, la discussion s'enclenche. Quelques mots ont radicalement retourné la situation.
Les riverains s`étonnent à nos balbutiements puis se ravissent à l'écoute de mots familiers, estimant le gage d'intérêt recevable. Nous ne sommes plus étrangers mais marins en escale, et la mer, pour eux, ça cause.
Après un appoint de gas-oil jovialement assisté de curieux, Dominique lance son filet sur le marché du bled garni de quelques pastèques, oignons et pommes de terre… rien de plus, fraîcheur sobre des natifs dont la maigreur ne ment pas. Á peine plus loin des filons miniers se dépravent et s`épuisent à leurs dépens, en tous cas pas à ceux de compagnies internationales. Parler d'indécence serait rester distant, allons directement au fait, c'est ignoble. Un pillage de plus, mais l'homme l'a voulu ainsi.

L'Afrique est un gruyère dont les habitants contemplent les trous.
Finalement j'aime ces gens, ces paysans, ces pêcheurs qui savent se tenir droit dans leurs bottes percées.
Thé à volonté à la terrasse surplombant la mer pour bidouiller les formulaires d'un règlement capitulaire chez le policier compulsif qui s'inquiète de voyageurs, ces âmes qui lui filent entre les doigts comme un courant d`air.
Un cotre solitaire dort contre la rive, décoré de motifs peints en bandeau, récoltés au fil des cultures. Moteur cassé le voilier attend sa capitaine qui le mène autour des mers du monde. Un pêcheur assis dans sa barque agrippée à la petite cale nous conte une histoire.
La vie a eu un élan de cœur digne d'un pirate fracassant des bastions trop sûrs de leurs faiblesses. Dans le Sud de la mer Rouge cette femme a embarqué une jeune Ethiopienne enceinte descendue jusqu'au

désespoir. Au moment où nous regardons le petit navire qui rêve de sa capitaine flamboyante, elles sont en Europe pour l'accouchement. Ça laisse imaginer la somme de confusions qu'elle a renversées à ce soutien, traversant des frontières hérissées de bureaux hasardeux; d'instinct le pêcheur dit qu'elle reviendra pour réparer puis continuer.
La dame du voyage joue de sa clef l'harmonie des notes noires et blanches, et les silences.

Le houri de l'anse aux tellines

Île basse en vue par tribord avant. D'un ocre nébuleux vibrant dans l'air brûlant, à deux milles de la côte Gezirat Wadi Jemal ployée en arc de corail et de sables sous les vents dominants et les courants, offre l'abri idéal face à la baie continentale de Sharm Lulli.

Au bout de cette tranquille navigation de trente milles par petite brise, le voilier arrive au dessus du tombant, longe par l'Est une mangrove foisonnante, vire à la pointe ciselée d'une lagune poudrée d'or mouillé de turquoise puis remonte au Nord dans une féerie perse, plein d'égards pour les centaines de fleurs de corail mauve, amande ou citron écloses à la lisière du lagon. Du haut d'Alexandre, du mât, les poissons bariolés renvoient les éclats du soleil tant l'eau est claire. En zigzags d'escargot on accède au mouillage souple d'un lit de sable à 200 m de la plage.

Trois semaines nous y sommes restés, obligés par la nature mise de ses états éclatants. Certains nous traitèrent de pontons flottants. Ha ! S'ils savaient les oublis de leurs étraves au fil des ports et des marinas. On ne fait pourtant de tord à personne en prenant des chemins qui ne mènent pas au rhum. Sharm Lulli, qu'une de nos étraves avait plus tôt fouillée, est désormais bordée de baraquements claquant des gonfalons, débarquement interdit. Pas bon dis donc !

Mais à Wadi Jemal seule la fin du monde pourrait nous débusquer. L'ourlet des plages est garni de tellines, ces petites coques blanches oblongues enfouies à l'estran, il suffit de gratter le sable qui les recouvre pour emplir notre seau. Au bord de ce menu bout de terre qui tourne avec les étoiles et les soleils, les aigles au sifflement aigu et pénétrant édifient au sol des nids de branches solidement enchevêtrées à devenir haute tour à cime concave. Les goélands à bec orangé volent en piqué, frôlant nos têtes pour intimider l'envie à pénétrer leur territoire. Becs en ciseaux, spatules ou aigrettes, balbuzards restent cependant tolérants car respectés, la peur est absente, l'homme pêcheur s'est fait observateur, il déchiffre à la lecture du ciel et de l'eau ce que traduisent les oiseaux, son esprit s'élève mêlé à leurs ailes, l'oiseau est œil. On aimerait avoir grandi ici.

Les mouettes rieuses, très sans-façon, attendent les reliefs du pique-nique dans un piaillement retentissant, lancées dans d'invraisemblables racontars ponctués de fous rires. Barbu, un casier à crustacés se désagrège au fond du lagon à deux coups de palmes de la carène, par grappes les coques striées s'agrippent au bois rongé en soufflant des colonnes de bulles qui pétillent vers la surface. Les cônes tracent des sillons croisés sur le sable, y laissant des crottes.

Un coquillage s'étonnait à voir
Une coque en casier grillagée
Comment peux-tu être grillagée la coque ?
Mais j'aimerais tant enlever ce gris âge et voyager !
Le coquillage ni une ni deux arrache le grillage
Voilà la coque sans gris âge
La quille ! S'écrie la coque
Et ils s'en allèrent bras dessus dessous
Coquillage et coque quille s'aimant

Demain il faudra songer à gratter la carène !

Déguisé d'un loup de mer et de pattes de cormoran, les inventions sous-marines sont drôlement rafraîchissantes, les peintures à l'eau éclatent. Bouquets madrépores animés en kaléidoscopes, bénitiers païens ondulés de jaune soufre, de vert fluorescent, raies points bleus à festons électrisés en promenade quotidiennes avec leurs cousines pastenagues, raies guitares, mérous tigres les canines affûtées, queues de lune écarlates, sars à bandes au nom accompli, clowns ocellés ou anges à face bleue, des fretins pastels en éternel mouvement, de timides requins à pointes noires. Il y a tant à se charmer, à contempler, des heures de cliquetis et d'attirances marines.

Un après-midi, occupés à soigner le gréement, voile en vue à la pointe Sud, un cotre fait route vers le lagon. Bringuebale et barbotin se déchaînent à une encablure de Oumâ, l'oiseau des mers se pose. Heinz et Ollie arrivent avec leur gâteau à voile, ça tombe bien, il y a un anniversaire à fêter, j'ai quinze années de vie marine. La vie nous protège en ce moment.
Une nouvelle approche se dessine sur l'horizon. Lis Estrambord est là, plein de sourires, son mât épanoui de voyages extraordinaires. Le vent élève les oiseaux et fleurit la mer Rouge.

Tables marines et visées gastronomiques

Abord de nos bateaux il y avait deux fusils de chasse sous marine. Un petit à air comprimé, dit de roche, et un très long muni d'élastiques puissants pour la pleine eau. Le petit a eu des airs de fuite mais je n'ai pas refait le joint qui me liait à lui, le grand a pété tous ses élastiques comme un vieux slip de bain, ils n'ont pas été changés. Avec le temps la répulsion des chasses sous marines a oublié ces accessoires au fond des coffres, depuis, l'immersion d'un bras prolongé d'une arme n'a plus sa place sous la coque.

Esprit libre, corps nu accompagné de poissons multicolores curieux à venir tambouriner le masque ou à se faufiler en bande autour des jambes en pariant sur les capacités subaquatiques du plongeur, on gambille bien plus joliment. Le monde sous marin reste serein et la tête n'est plus prisonnière du fouillis des regrets.

Il y a belle lurette le poulpe était coutume dans les gamelles, eau froide ou pas. Accroché à une grosse roche je fixais son oeil observateur qui m'emmenait tournoyer autour de cette forteresse, lui changeant mille fois de couleur et d'aspect, se déplaçant souplement au dernier instant, moi rusant en claquant des dents le corps secoué de spasmes frigorifiés. Je l'aurai avalé tout cru avec ses huit tentacules, ses postures théâtrales étoilées et ses étirements. Au bout du rouleau je battais en retraite vers la plage en vue d'un sprint revigorant. Mais voilà. Á l'instant de me relever palmes en main, une douce, une délicate caresse enroule mon mollet, puis une autre :

- Tu joues plus ? J'ai amèrement regretté la boulette. Désormais je ne les mange que des yeux.

Un banquier mange vos sous, un paysan ses pommes, le cheval son herbe, un marin du poisson, quelquefois. La pêche à la traine était la base de l'alimentation du bord. Pratiquée en haute mer ou en côtière depuis le tableau arrière ou bien de l'annexe, deux voire trois lignes de quelques dizaines de mètres de fil nylon solide, plombées à 200 g et frétillant d'un leurre de papier aluminium brillant modelé à l'allure du calmar. D'autres leurres, instruits des pêcheurs de l'océan Indien, avaient la couleur vive de bouts de cordages effilochés ou alors étaient de vinyle. Ça mordait en pagaille, les plus goulus se jetant sans vergogne sur ces masques. Thons, bonites, thazards ou barracudas se retrouvaient sur le pont. La chair des poissons de pleine eau est meilleure, les chats sont absolument d'accord là-dessus, allongés sous les moulinets, totalement hypnotisés par le fil qui coupe l'eau. Charabia y passait de longs moments patients, surtout passionnés.
Un de nos mistigris disparut un jour dans le ventre d'un thon maldivien de 20 kg groggy dans la jupe, s'occupant du nettoyage des abats tel un poissonnier, en ressortant rouge de plaisir, traînant péniblement son estomac jusqu'à sa bannette. Hors quart durant deux jours !
Les filets cuisinés sont avalés frais ou bien stérilisés en bocaux. Si le poisson est trop gros il est relâché quand il n'a pas tout cassé mais de taille appréciable il sèchera dans les haubans après avoir été découpé en lanières poudrées de gros sel, égouttées et épicées durant une nuit puis vaporisées de vinaigre pour ne pas se voir détérioré par les mouches, à la manière du bilton Sud-africain.
Aujourd'hui je ne pêche plus du tout, ma conclusion aboutit à ce qu'un poisson, pour les avoir longtemps fréquentés, nourrit mieux la vision de l'esprit que l'avidité éphémère de l'estomac. En clair, ils sont si beaux dans l'eau que je ne les conchie plus.

Ce matin, en équilibre au bord de la grève sous nos grands chapeaux de paille afin de ne pas brûler nos idées, nous regardons un petit houri ancrer sur le fin coussin limpide, deux silhouettes reposées sont à bord, un signe de la main appelle à un rendez vous de la mer vers une embarcation d'un style que l'on n'expose pas sur les moquettes des salons nautiques. Les bordés de bois résineux rongés et ceinturés de plats bords entaillés par les manœuvres sont enduits de suif épais que des reflets d'eau solaire animent. La grand voile, rabantée sur sa longue antenne étirée de maigres branches raboutées, est soutenue par le mâtereau patiné, elle est inventée du plastique de sacs de riz déployés, puis cousus à grosse ficelle. Haute, cette aile triangulaire, sa pointe tenue à l'étrave, donne au houri une allure de flèche.
Le jeune père et son enfant, assis à l'arrière du pont de planches liées, s'occupent à un brasero posé sur un plateau de fer blanc dont les flammes lèchent une bouilloire cabossée. Deux gros sacs élimés remplis de bois et d'objets utiles font literie. Dans la coque les filets gréés de flotteurs bric à brac s'empilent, du poisson ouvert sèche sous des lambis pendus à un fil de fer, l'odeur est puissante. Le pêcheur tend deux fonds de bouteille de Fanta découpées à la mode de verres à thé. Thé bouilli, brun et fumant, tradition séculaire d'offrande à l'autre, précision de rencontres cordiales. Le thé brûlant, très sucré, hydrate et revigore.
Le garçonnet est un angelot aveugle, ses yeux devinent au travers d'un douloureux plissement, cherchant des images il penche exagérément la tête. Nos souvenirs rappellent ces enfants ou ces femmes déjà croisés que la fumée, le vent, le sel et les malnutritions affectent terriblement, survivant péniblement, privés d'un minimum de soins indispensables. Ce petit homme vit une fatalité ordinaire. Après un aller-retour à la pharmacie du bord, l'annexe revient planter sa quille dans le sable. Sous la réflexion interrogative du père, Dominique déballe sa trousse comme on caresse la lampe d'Aladin, dégote le coton, le sérum, s'en va bouillir de l'eau à une casserole aseptisée, puis attire la tête souffreteuse sur ses genoux. L'enfant sevré de tendresses maternelles s'agite de gémissements gutturaux sous les rires de soulagement du pêcheur. De ses gestes attentifs elle retire de la cornée les croûtes et le liquide purulent avant d'égoutter quelques perles de sérum physiologique. Entendant la

continuité des soins pour les jours à venir, l'homme dépose avec précaution les dosettes et le coton dans une boite d'hameçons, la bouteille d'eau bouillie allant baigner au jus douteux de la cale.

Au jour ils partent étendre leurs filets ou lancer leurs lignes, marchent dans la mer, poussant le houri à la récolte de coquillages, la nuit nous les regardons croiser au large puis revenir dans le lagon, évitant adroitement le corail, un feu de bois brûlant au pont et léchant la voile.
Un matin le boisou tire ses bords contre le vent, passant à raser notre tribord, puis mouille son grappin rouillé à un mètre de Oumâ tout en brassant sa toile noircie. L'enfant, les quinquets propres et bien ouverts, lance des rayons à sa nymphe touchée par l'émotion, le père funambule court sur le liston étroit, nous faisant présent d'un lutjan irisé de vermeil. Aussitôt ils retournent au labeur après un signe d'amitié, unis à leur petit cheval de bois et d'écumes où la vie prend tout son sens.

De crépuscules en eaux salées, d'aurores en sables, nous n'avons pas raté un soleil flamboyant. Tout le monde va pêcher pour alimenter la tribu assise autour du foyer de pierres noires éclatées, fesses poudrées, tête aux rives d'un mirage. Des lambis retournés grésillent dans leur lourde porcelaine, lambis aussi appelés sept doigts, nous en avons ramassés un pour chacun. Ces grosses coquilles de l'ampleur d'une paire de mains aux sept longues épines rosées se déplacent sur les fonds sablonneux tapissés d'herbes, dès deux mètres d'eau. La composition de leur coquille favorise une technique traditionnelle de protection antisalissure des carènes de bois des pêcheurs de mer Rouge, la teneur de la porcelaine en éléments nacrés agissant en répulsif naturel. Pilée en poudre puis mélangée à de la graisse de mouton, la pâte procédée, ramollie au feu, s'applique à la main pour préserver les lignes d'eau durant trois à quatre mois.
Mais une industrie s'est développée au dangereux épuisement de ce gastéropode. L'opercule s'achète à l'élaboration de parfum, ainsi on voit des monticules de coquilles vides, sanctuaires aux rivages, sacrifices de mer offerts à la terre humaine.
Notre gros escargot bleu tourne ses antennes vers le Sud, quittant un

jardin où il a vu des lunes blanches traverser le ciel. Ferrant une bonne brise de Nord il ouvre sa route, 15 nœuds de vent plein les voiles, le pilote est sur la barre, Dom lit allongée à l'ombre du carré, un guide nautique ouvert à la recherche de pays inconnus. Ce volume nous l'avons retravaillé en y accentuant les côtes, les passes, les dangers, les caractéristiques marines essentielles, beaucoup de corrections furent notifiées, des croquis redessinés par dessus les originaux car ils ne parlaient pas toujours le langage de la mer. Simplement l'auteur n'a pu pratiquer toutes ses descriptions, il y en a tant, et au franchissement d'informations, il schématise. Nous traçons des passages naissants pour des ancrages secrets aux sillages de nos explorations, ainsi qu'en façonnent d'autres voiliers. C'est l'un des charmes infinis des découvertes de cette mer. Il n'empêche que ce guide est un ouvrage majeur impliquant un travail monumental. Cependant je préfère l'œil de Félix Normen, l'éventail de son regard a prodigué à son ouvrage une nourriture d'esprit mélangée de pratique, à compulser absolument à bord. Son voilier tanguait en se désaltérant des splendeurs inoubliables de mer rouge pas loin du nôtre lors de notre première descente. (Félix Normen : Normandie Yemen)

Siyul dégage un air âpre, isolé. Un lagon est décrit dans son Sud-Est, offrant la profondeur d'eau prisée. Ile sauvage baignée de nuances aquatiques, mais de lagon, oualou. Un tour par le Sud, puis retour par l'Ouest, devraient dégotter le nid pour la nuit.

La coque passe au ras d'un Zaroug dont le grappin est posé sur le platier. Vingt brasses à la sonde, pas terrible si l'humeur du vent vire, dégager rapidement de là doit être aussi aisé qu'une partie de billard sur un bord de près. Toujours rien dans le couchant embrasé excepté une passe pour un lagon pistache, si étrécie qu'on y coincerait la bedaine du voilier par gourmandise. On a du rater le terrier.

Á la frange du récif accore une pointe timide casse suffisamment la houle pour que nous y engagions l'étrave tandis que vient le soir. Dix mètres d'eau, l'ancre descend, il faut plonger pour s'assurer d'une bonne accroche…

Ma doué ! Ce qu'on est tenus ! Mieux que des ânes au piquet !

L'ancre est allée se coincer au fond d'une faille étroite, et des pièges de cet acabit il n'y a que ça alentour. Mieux, c'est l'heure à laquelle les requins vont en quête de croque babouches, alors yalla, fissa !
Bagarre tête en bas au fond du boyau plein de griffes pour décrocher notre somnifère de métal, remontée les pieds en l'air le long de la chaine en lui montrant le chemin du davier. Une fois libre sous la surface Dom met en arrière pour dégager, je remonte à bord en suivant les maillons, des bancs de requins plein la tête.

Allez, salut le beau lagon !
Le soleil noie nos yeux, sortir de là n'est pas sérieux car la luminosité étalée sur la mer oublie des têtes de corail sur la route, il faut aiguiser les pupilles. Le moteur qui tournait débrayé gronde. Arrière toute près d'une patate affleurée à une longueur de coque, un peu plus on en faisait des frites et moi je fais l'huile.
Á force d'insistes, de fouilles et de virements, une poche d'eau saine enceint le voilier de sable oublié où des oiseaux de mer décident à l'instant de passer la nuit. Du sel, du sable, des oiseaux aussi libres que nous, il eut été impossible de se trouver si riches, si bien autrement qu'avec Oumâ que le vent a poussé là. C'est pur, c'est sauvage.

Un aigle balbuzard blanc chiné de maure se pose au haut du mât, plâtrant le pont de fientes grasses plus hilarantes que sales, fasciné par les matous qui frémissent des babines. La nuit nous arrose d'astres, les ombres allégées se feutrent de silences, puis s'animent de diableries.
Chuuut ! Le petit banc des Mahabis s'émerveille de son propre prodige.

Le 10 juillet nous naviguions entre les platiers, voiles hautes dans le Nordet, travaillant soigneusement aux distances, empannant maintes fois pour parer les récifs sur des flots à peine agités. Au bout d'une nuit ancrée sous la couverture du Ras Banyas au long de laquelle la ligne de mouillage gronda sur les vieux socles durs, nous chauffons le kawa avant l'aube pour partir à la recherche d'un passage vers Bérénice. L'aurore se remet à une nouvelle séance de pastels, inondant la mer de couleurs chaudes.

Au Nord-Ouest d'une vaste étendue marine non hydrographiée convenue Baie Malsaine à l'attendance de marins aventureux, Foul Bay sur la carte de l'Amirauté Britannique, gisent les ruines d'une cité où la philosophie d'un roi de la dynastie Ptolémée se cristallisa en passion amoureuse. Le chemin de son retour guerrier, guidé par la chevelure constellée d'une princesse, ouvre un mythe. Le mystère nous attira autant que la source qui devait emplir nos réservoirs d'eau douce.

Le commentaire topographique succinct reste vague comme la petite mer sur laquelle nous partons naviguer "du Nord laisser simplement le ras Banyas à tribord, prudents à donner un large tour au récif dans son Sud"

Va falloir regarder notre princesse avec des yeux de merlan pour trouver le bon chemin...

L'antique cité était un point de rencontre pour les longues caravanes transafricaines à la foulée lente et étirée des déserts et des savanes. Chargées de sel ou de troc elles s'y présentaient pour emporter des navires gorgés d'Orients arrivés du repère des étoiles et de la mémoire des pilotes, mais beaucoup noyèrent leurs espérances avant de toucher au mirage.

Ceux qui repartaient vers l'Est emportaient le sel, les peaux, les plumes d'autruche, la gomme, le café et l'ivoire.

35 milles insaisissables attendent notre carène. Nous choisissons de naviguer sur la latitude, une ligne de sonde fine, ondulée comme un cheveu, cherchant une route à notre destin.

Des montagnes coralliennes s'élèvent à culminer sous la surface immensément claire, leurs flancs touchés par le soleil dansent sous le voilier, renvoyant des énigmes ou des histoires de naufrages. Debout sur le pont nous suivons d'anciens voyages, espérant reconnaître le sillage des plus chanceux. La course immatérielle vole sur les gouffres où un grand ibis garde les songes des vieux sanbuqs.

De vieux courriers
Des encens
Des étoffes
Le Livre des Merveilles de l'Inde
Idrisi le géographe
Des cris d'allégresse
Ou d'épouvante
Des dieux favorables
Ou furieux
Des tambours
Des sueurs
Des corps invisibles
Des langages oubliés
Des augures
Des années de voyage
Du bois qui craque

Jusqu'à apercevoir une côte basse puis une balise inclinée brisée.
En fin de matinée notre bateau se pose sur une baie, puis s'immobilise, un peu étourdi.

Á terre une armada de sémaphores en uniformes gesticule en envoyant des :

- Go away !

Aïe ! La fée Carabine aurait-elle détrôné la princesse amoureuse ? Mauvais frisson. Aurions nous parcouru le chemin merveilleux pour ce malheur ?
Bérénice est là, cachée, nous nous devons d'y aller.

- Nous avons besoin d'eau ! part dans l'air puis nous revient en pleine figure, le vent porte à la mer, ils ne comprennent rien.

L'annexe est virée par dessus bord, chargée d'explications avec les bellicistes. Les jurons pestent au rythme des avirons lorsqu'un bruit familier tombe dans notre oreille.

- Bonjour, vous êtes Français ?

Il a vu le pavillon noué à son hauban.
Ou ils font semblant, ou ils n'ont rien entendu, car nous sommes accueillis par de vigoureuses poignées de main.
Triste Oumâ est en zone militaire, tout est interdit, rien n'est autorisé. Nous jouons le coup de dés de l'eau puisque, favorisés, ils n'en manquent pas. Sur cette mer la tradition ne refuse jamais l'eau douce, elle n'est jamais déniée, offerte ou reçue, le refus est ignoré. Après moult palabres comme savent si bien en pratiquer les Egyptiens, quelques jerricans sont remplis au robinet de l'usine de déssalinisation. Perplexes quant à cette situation, nous revient l'écho de pauvres hères assoiffés déjà croisés, et viennent ceux que nous croiserons encore, inévitablement.
Pour une visite à Bérénice c'est niet, inutile d'insister, l'antique cité est interdite. Pourquoi ? Parce que c'est interdit. Militaire, sans appel.

Après trois heures d'escale qui ont suffit à démontrer pourquoi les princesses voyagent d'arcanes afin d'échapper aux larmes, la mer nous ramasse sans traîner, le jour déclinant emmène Oumâ vers la nuit. Il quitte la baie des montagnes mystérieuses, laissant à bâbord la grande île Mukkawa, et un peu plus au Nord le tombeau d'un marabout oublié, puis continue dans les étoiles.

Un voilier ardent

Cours petit voilier, cours, la mer est belle, la lune sème ses graines argentines fertiles, les dauphins soufflent leurs cercles phosphorescents tapageurs autour des voiles blanches qui étalent des dessins sur le pont mouillé, la nuit glisse, les astres tournent. L'humidité annonce les vents de Sud, un Sud où il doit diablement faire chaud.

Le jour est figé lorsque nous arrivons à Abu Findirah, récif du large orienté perpendiculairement à la mer Rouge, singulièrement marqué d'une roche brune visible à distance. Á marée basse le plateau de madrépores émerge entièrement, puis à la haute mer les eaux le recouvrent. Au-delà des vagues de sable notre fugue cherche durant une bonne heure son sommeil sous un million d'étoiles. Nos devoirs envers le bateau finis, taud de soleil à poste, je me jette illico à la mer pour un temps infini, Dom s'inonde de turquoise, les parties de la coque hors ombre sont intouchables, tellement surchauffées, la consommation d'eau augmente très fort, tout le monde dort dans du linge humide, nos nuits s'étalent sur le pont à l'espoir du moindre filet d'air. Et ça ne fait que commencer.

Nuit calme et brûlante. L'abri derrière ce récif de pleine mer est bien protégé des vents de Nord, une petite houle déferle et vient chanter ses écumes sous un croissant si lumineux, portant l'impression d'être abrités pile derrière une bonne étoile.
Lors d'une remontée de la mer Rouge nous nous accrocherons à Abu Findirah contre un puissant vent de Nord alors qu'il paraissait impossible de tenir la promesse. Nous y passerons une semaine en compagnie de quatre voiliers: le catamaran Terre des Mers au nom voyageur, ordonné par les marins du titre de Water Angel à la félicité du pourvoyage en eau douce tirée de leur dessalinisateur, Joshua petit bout de coque anglaise et deux bateaux Néo-Zélandais refugiés derrière cette lune de corail. Plongées dantesques au fond de grottes sous-marines où les requins-nourrice se lovent sur les lits protégés des cavités parmi les gorgones arborescentes et les anémones, dédales découvrant une faune exceptionnellement imposante. Il faudra rouvrir le lagon de la tête pour réaliser qu'en surface il n'y avait plus cet apaisement au bruit des rouleaux qui explosaient en fracas perpétuel, pilonnant le rempart à fleur d'eau où la mer brisait sa tempête.
Parés au guindeau dès que s'éveillent à la lumière les gigantesques tables chatoyantes brunes faisant désormais partie de notre famille marine. Le labyrinthe de sortie les cultive sur plus d'un mille. Aussi vastes que les taches des nuages qui courent sur l'eau, elles frisent à la surface. En ce jour oriental le vent se lève à petits souffles pour à nouveau s'établir du Sud, craché de la bouche d'un dragon que nous allons bientôt rencontrer.

Marsa Halaïb se reconnaît à nos souvenirs. Après avoir viré la dernière balise - ce ne sont que ferrailles tordues figées - nous prenons en convoitise le petit village de cases fraîches qui somnole sous les palmiers de la rive Ouest. On a bien aperçu au franchir de la passe le navire embossé à la tonne, là-bas au bout du havre, mais voilà qu'à présent il nous course en donnant de la sirène, énervé par notre route insistante, ordonnant de diriger Oumâ ailleurs. Á le voir il a la silhouette d'une épave échappée du musée des horreurs. Surtout il n'était pas là à cercler autour du petit Oumâ quelques années auparavant lorsque nous étions libres d'une vraie liberté.

Nos protecteurs voudraient recevoir le voilier à contre bord de leur pétoire. Pas question. Vous avez des cafards ? Gardez les !
Après avoir trouvé notre ancrage nous allons présenter les visas. Sur la gamelle un homme attrape le bout de l'annexe, on en croise un autre qui barbouille de la peinture grisouille d'un air détaché, à la passerelle des officiers spectacle désabusant d'un commandant en bermuda vert fluorescent garni d'un tee-shirt pochoir, assisté du lieutenant très maniéré en tenue tout aussi vacancière. De quoi se méprendre, croire à un paquebot de croisière si ça n'était le vilain canon trônant sur la plage avant. Deux heures plus tard - il y avait longtemps qu'on ne les comptait plus- le café à la cardamone était bu, les cigarettes échangées, discutaillant en anglais. Ils sont ici à la peine, n'aspirant qu'au jour où ils retourneront chez eux.

Du gas-oil dans notre cuve, échangé contre un pot de confiture de figues de Grèce, pour récupérer les taxes abusives sur le carburant, au moment où un autre bâtiment tout aussi vacillant arrive. C'est la relève qui n'a pas jugé utile d'enlever la tâche de son premier baptême made in USA, mais il partagera ses pommes de terre. Tout de même avenant côté humain.

Sur Oumâ nous rêvons d'une chimère, celle où les fabricants d'armes du monde se mettent à confectionner des flingues qui tirent dans la misère leurs millions de bouts de papier tous marqués de numéros gagnants pour un repas ou une proposition à donner un coup de main, des missiles qui libèrent des graines fécondes de vie, des canons à eau douce.
Possible futur où l'homme se métamorphosera d'une inspiration, puis d'un souffle, pour lui libérateurs.

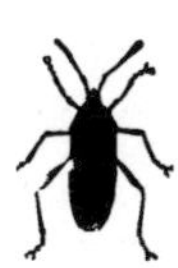

Les trophées

Qu'a-t-elle acquis l'institution militaire ?
Qu'ont-ils gagné les asservis au fusil ?
J'ai voulu ne pas être militaire et c'est pour me plaire
Qu'a-t-elle gagné l'institution militaire ?
Aucune guerre morale.
Qu'on-t-ils gagné les asservis au fusil ? L'esclavage.
D'un homme nu et d'un homme armé le plus assuré,
le plus vrai, est sans
aucun doute le premier.
Que simplement l'on se demande ce qu'il en serait s'il
n'y eut de politiciens, casseroliers machiavels,
pour inciter à l'hostilité.
Leurs haines sont nos larmes
Leurs faiblesses sont leurs armes.
Voyous planétaires des Choses de l'Etat et de l'état des
choses je plains vos solitudes amères, vos apparats et
vos honneurs n'ont d'égal que vos désespoirs secrets.

fishtre

La Mer Rouge en Afrique noire

Si nous étions caméléons nous serions instantanément ébène aujourd'hui. Oumâ traverse la vague frontière géographique qui situe le Nord du Soudan au Sud de l'Égypte, celle administrative se demandant encore où elle pourrait bien se poser.

Mais le père Hélios, de longtemps, a mis les bouchées doubles pour muer nos épidermes rouge langouste cuits en sable noir. Oumâ serre le vent au plus près, contourne le haut fond Tutana avant de virer au large de dunes blanches veinées de scories brunes, la pêche est bonne ce jour, thazards et maquereaux indiens, les lignes tirent au-dessus de bancs fuselés en chasses. Á la deuxième traîne ça remord. Le dernier fil est rembobiné un peu tard, ne reste que la tête d'une carangue sectionnée de son corps par la mâchoire d'un requin. Une coupure nette en arc de cercle qui ne laisse aucune chance au doute.

Depuis des milles est abandonnée la pratique du body surf tonifiant, corps et bien-être agrippés à une aussière tirée par Oumâ, désormais prudents à l'idée que les pieds d'humains ne repoussent pas comme des queues de lézard, à moins que ça ne soit le contraire.

Dans la jupe de notre voilier femelle nous nous inondons à satiété de seaux d'eau de mer tirés au puits d'une route franche bordée d'un platier clair qui teinte une côte rugueuse dépolie, déserte à l'oeil.
Les écoutes sont débridées, le vent vient de terre, le soleil a franchi la méridienne lorsque Khor el Marob s'ouvre par le travers.
Il faut en reconnaître l'accès pour ne pas abîmer corail et carène. L'entrée trace un filet nu et bleu près de lisières dorées ou amandes, les sols sont arides, des falaises d'un rouge rugueux descendent d'immenses plateaux desséchés. Une savane lointaine a posé des petits arbustes ronds comme des miracles. Le désert aspire un chemin aquatique séparé en ramifications, l'eau se trouble puis verdit le mouillage.
Nous sautons dans le dinghy pour un chargement de sable destiné aux chats, une brûlante envie de visite à la côte. Des dizaines de bébés requins sont à l'accueil au bord de la grève, tentés par nos orteils. Partout la terre est craquelée, rôtie, cailloux et vieilles coquilles y sont soudés, de nos pas éclatent des craquements creux, la couche superficielle n'adhère pas à celle sous-jacente, notre poids libère des tam-tams profonds.

Un aigle pêcheur artiste a sculpté un nid gigantesque sur le promontoire rocheux qu'il domine. C'est l'auberge espagnole, il y a mis du bois sec comme du bois flotté, une sandale tong, des cordages mêlés de pièces de tissu, le tout arrangé d'un talent très kitsch. Dans la dépression le reg est lunaire, archi sec, fendu, les vestiges fossiles montrent que le niveau marin s'élevait bien plus haut quelques millions d'années plus tôt ou que d'énormes énergies poussent en dessous. Ici pas de risque de voir la promotion immobilière se déchainer, mais sait-on jamais. Nous arrachons du sol une conséquente demi valve pour creuser difficilement, puis enfouir le contenu de notre poubelle..
J'entends bien la protestation des protestateurs qui protestent. Bon, on va s'expliquer.

En longeant la côte de la Corogne on s'effraie de l'énormité de détritus s'écroulant dans l'océan, polluant l'eau, la terre et l'air. Aux îles Maldives après 15 jours d'une navigation au grand large, une ration conséquente de déchets s'était entassée à bord. Au bord du lagon, des cases érigées

pour vacanciers pourvues de fûts destinés à recevoir les poubelles; après information pas de méprise, c'est bien là qu'il faut déposer les sacs. Au petit matin tandis que nous déjeunons dans le cockpit en découvrant un paradis, horreur, un homme pagaie sur une barque chargée des dits fûts puis tranquillement en balance le contenu dans la passe par cinq mètres d'eau. Raté...
Comme vous j'ai vu les charmants ports de Manche ou de Bretagne promener des bidons d'huile en moche compagnie de sacs plastiques sur des nappes de gas-oil, sans parler plus de la Méditerranée aux îles d'or engoudronnées.

Alors on assume. Notre base alimentaire était composée de poisson si nécessaire, légumes et fruits frais autant que possible, riz, pâtes, eau, thé ou café (le goût du Tang, n'en déplaise à ce que l'étymon pourrait imaginer, n'étant pas adapté à la navigation).
L'avitaillement est un rite. Les emballages sont supprimés - surtout ce terrible plastique - puis débarqués aux dépôts désignés (on peut rétorquer que la finalité est la même, malheureusement oui à l'abus des producteurs d'emballages). Féculents, riz, farines etc. sont mis en jerricans, les boîtes de conserve, métaux ferreux (jamais d'aluminium) seront aplaties puis immergées au large ou bien enterrées à rouiller, elles finiront par disparaître, ça prend du temps, d'accord là-dessus. Le verre, il y en a peu à bord, sera utilement offert aux populations locales, et les épluchures nourriront les poissons ou seront enfouies au sol.
Au Soudan, exemple géologique type des côtes de mer Rouge, la vie animale est active malgré la tendance "désertique" si mal apprise en sciences naturelles, puis découverte sur place. L'absence humaine ne justifie en aucun cas le terme de désert. Vertébrés, oiseaux, reptiles ou insectes sauront déguster le dégradable, le reste pourrira à l'humidité des saisons, c'est ce que l'on a trouvé de mieux. Les crabes jaunes aux yeux télescopiques appelés crabes fantômes, que l'on trouve par centaines loin à l'intérieur des terres ainsi qu'aux plages, ne se priveront pas plus que les lézards, renards, souris ou autres rongeurs.
Il arriva d'un coup, nous l'attendions, ne sachant ni quand ni où, il nous fit sauter à bas de la couchette. Violent, jetant sables brûlants et craintes,

le dragon s'est dressé dans la nuit, puissant, le Haboob est venu. Nommé khamsin en Egypte, à savoir Cinquante en Arabe car il peut souffler en séquences fortes et discontinues sur une période de cinquante jours, c'est aussi le Bélat du Sud de la Péninsule arabique, celui pour qui se fichent sur place les caravanes. Á bord d'un bateau on regarde un rideau d'airain confondu de rouge, élevé de centaines de mètres. Angoissant..

Avant l'impact, à l'avant du front plane un calme bref, profond, vous incitant à filer de la chaîne voire mouiller deux ancres. D'un coup l'éther s'assombrit, l'air s'opacifie, la mer fume, l'on subit en priant les mouillages de tenir bon à condition de se trouver à un abri suffisamment protégé.
Ce Haboob du Soudan balayant Khor el Marob n'aura duré qu'une demi heure, mais ce furent les prémices d'un mois et demi de navigation en sa compagnie démentielle. Visibilité quasi nulle dans l'air difficilement respirable, le rayon d'évitage étant limité nous décidons de continuer le voyage dès le lendemain. Malgré tout nous reviendrons à Khor el Marob partager un printemps paisible avec des bédouins semi nomades, leur campement de branchages planté sur le désert n'est qu'à une heure de marche de la rive.

De la vraie voile après la nuit oubliée au vent qui souffle 15 à18 nœuds de bon air, deux aigles trouvent moyen à s'agripper au sommet du mât, un taud de navigation est installé au dessus du cockpit, pas pour les crottes, pour une ombre indispensable. Nous pêchons, buvons de plus en plus tant et tant qu'il ne reste que peu de place dans nos estomacs à y mettre un repas quotidien. Nos pores se transforment en rivières et la bourbouille, quel joli nom, envahit nos épidermes de ses petits boutons irritants rouges pointés de blanc que provoque l'excès de sudation, obligeant à puiser dans les réserves d'eau douce pour s'en frotter deux fois par jour, additionnée de désinfectant.
Ainsi, revêtus du costume local, nous entrons dans la marsa au nom très féminin de Abu Imama. Trois bateaux de pêche de tonnage important tirent sur ancres et cordages, leurs bois peints de couleurs sobres

soulignant le galbe des bordés. Sous les tentures émergent de noires silhouettes élancées observant notre passage, ça fume beaucoup, ça sent bon la cuisine. Á l'Ouest le paysage est si puissant qu'il magnétise. Éjectée d'un sombre plateau incliné, une gigantesque pointe de lave dure tourmentée d'érosion et couronnée d'un grand tabulaire est plantée près d'un piton aux arêtes élancées déchiquetées. Ils annoncent l'horizon d'une formidable chaine de montagnes nébuleuses.
Dérive haute Oumâ trouve une petite anse derrière un croissant de grains de sable sous un ciel désormais souvent envahi de nuages en voyages. Les panneaux solaires captent moins de lumière, il est nécessaire d'augmenter la quantité de charge de la batterie du frigo avec l'éolienne. Nouveau coup de vent de juillet aujourd'hui. Une flottille d'embarcations légères vient se refugier dans la marsa autour du bateau mère qui range le poisson dans la grosse glacière fixée au centre de sa coque : un cube de tôles galvanisées doublé de terre et de paille, de mousse isolante pour les moins pauvres, contient la glace brisée assurant momentanément la conservation. Ces pêcheurs se lancent dans une industrie nouvelle. Auparavant les rives du Soudan s'étiraient quasi vides d'humains, seules quelques barques isolées croisant près des côtes. La récente logistique a ses lacunes : les convois de camions rugissant sur la piste, transportant glace, eau et nourriture; pannes mécaniques ou retards conséquents au mauvais état des passages, il n'est pas rare de voir une tonne de poisson avarié rejetée.

Débarquant en même temps que nous le Nakhuda du bateau mère vient à notre rencontre, sorti de l'eau dans sa djellaba mouillée qui colle à son corps maigre. Oshick montre son pouce droit entortillé d'un chiffon sale, le bout en a été arraché par le volant du moteur. Soigné sur Oumâ il vient tous les jours refaire le pansement.
Chaque jour nous allons tous trois ramasser d'énormes tellines dans le sable mouillé cuisant avant de retrouver l'essaim de petites barques venues accoster notre voilier, gros père qui reçoit sans broncher, un rien frimeur. Hé les petites ! J'en ai vu des océans, des coups de vent, des mouillages jolis, alors si vous voulez une histoire, grattez moi un peu les flancs…

Á l'intérieur, ou bien assis dans le cockpit, pour ces rudes pêcheurs soudanais, hommes affables faits de sels et de vents, c'est l'hôpital prétexte à échanger un bobo oublié contre de bons soins, c'est boire le thé, c'est aussi un salon de lecture où ils aiment à s'alanguir de revues exotiques.
Maints d'entre eux murmurent en anglais, on comprend que leurs cervelles n'ont pas autant de fatras qu'on en a mis dans les nôtres, ils attrapent les mots comme des enfants, pourtant leur esprit reste un peu lointain, rêveur mais prudent, car entré dans un environnement inhabituel. Leur chemin a quelque chose de réconfortant.
Parfois, au loin une fumée s'élève sur le désert, un camion remonte ou descend la piste, dans les jumelles l'énorme chargement ficelé penche d'un coté, va de l'autre, piqueté d'une multitude de personnages serrés, ballotés, en route pour plusieurs centaines de kilomètres, gros fruit juteux agrippé par des insectes.

La radio VHF est allumée. Chaque matin à la même heure il a été convenu d'un rendez vous des ondes avec Lis Estrambord et Tossimoh, pour tâcher de se retrouver quelque part en Afrique. Bingo ! Marie-Christine et Michel sont sur la fréquence, pas loin de nous.
Après avoir salué l'austérité d'Abu Imama Oumâ continue sa descente vers Khor Shinab sur une onde abandonnée à la lascivité. Le fjord de Khor Shinab, long et sinueux, protégé du large, est un must pour les voiliers qui courent les rives de l'Afrique orientale.

Nous avons un bref neuf milles à parcourir, c'est très simple. Etant donné que le mille marin vaut 1852 mètres, donc aujourd'hui ceux qui ne dorment pas près du radiateur ou ne regardent pas par la fenêtre auront calculé 16 678 mètres, le temps qu'il faut à un bateau bleu parti sur une mer rouge à six heures du matin pour arriver étant donné qu'il avance au moteur à régime moyen à la vitesse de cinq nœuds à l'heure, le nœud ayant valeur du mille, soit un nœud égal à un mille ou 1852 mètres si vous préférez, ce temps sera donc de 1h48 minutes à proximité du 37 ième méridien Est. Etant donné que le capitaine qui fait plus jeune que son âge est posté dans la mâture et voit après trois minutes, mon

Dieu, mais oui ! Un voilier blanc baignant sur une solution salée, il crie à sa timonière préférée mais assoiffée :

- Ca va faire 1.51, Pastis en vue !

Ainsi, à la vitesse d'un vieux vélo sur lequel pédale un matelot pas si vieux que ça, soit un peu plus de neuf à l'heure pour le premier de la classe, ils roulent et tanguent vers le bistrot.

On aime l'équipage de Lis Estrambord, pas pour son pastis, pour cette raison qu'ils font un beau voyage. Ils se sont dessiné un parcours fourni et le respectent, leur voilier est bourré de bons bouquins à échanger avec ceux de la bibliothèque d'Oumâ.

La lune est pleine à craquer d'aquilon, c'est le temps des coups de vent et des coups de pieds au derrière. Marie-Christine a concocté un plat de spaghetti aux tellines qu'elle dépose sur la table du cockpit. Une première bourrasque met les pâtes à l'horizontale au bout de la fourchette, à la deuxième bouchée elles s'envolent, à la troisième l'équipage invité regagne presto son bord, Khor Shinab s'agite de violentes rafales, la mer creuse autant que nos estomacs devant le plat abandonné. Nous sautons dans le dinghy qui rue : à chauffer le moteur hors bord et au galop ! Michel illumine notre voilier d'un rayon halogène fouinant à 500 mètres. Dès que nous larguons, les jets d'embruns fouettent l'air, une main en visière n'est pas de trop. Clac ! Extinction des feux, plus d'éclairagiste, plus de Oumâ. Encore aveuglés par le foyer lumineux on n'y voit goutte car la lune n'est pas encore levée, cependant ce serait plus rigolo si le réservoir d'essence n'arrivait à l'étale de sa basse mer.

- Saint Centmètres priez pour nous.

Merde! on aurait du prendre un repère à une étoile, ou sur un relief lointain deviné contre le ciel nocturne. L'annexe est ralentie pour remonter le coup de torchon quitte à aller nous échouer sur la rive. Si le vent, maintenant violent, nous emmène, ça va faire un bout de chemin vers perpète pour les insectes en maillot de bain à bord du petit canot qui tape comme un battoir.

Nous nous attendons à toucher les bancs ou le corail quand, Clic ! La lumière revient, Oumâ émerge de la nuit à 100 mètres sur bâbord, jamais il ne fut si attirant.

Il y a urgence. Toute la chaine est larguée, le second mouillage bituré, l'annexe hissée dans la jupe. S'en suivent quatre jours à veiller, à bouquiner, décidément cette mer est mieux abordable en hiver si nos souvenirs sont bons, et ils le sont. La chaleur est étouffante, malsaine, pourtant ici le thermomètre n'atteint pas des sommets, juste 42 ° Celsius en moyenne.
Petit coup de faiblesse pour Eole sur ce berceau de sel et de pierres, il ne buffe aujourd'hui qu'à 25 nœuds. Hop ! Debout les crabes, la marée monte, à la pêche. Butin de la virée trois mérous, une carangue et un rouget de l'île. Le temps des explorations sous-marines ou terriennes communes revient, nous partageons nos histoires, nos écumes à venir, j'aime ces idées bohèmes tirées par les voiles.

Nos amis s'en vont à la faveur d'une accalmie. Du haut de la colline caillouteuse Lis Estrambord semble si fragile sur la mer adombrée. Nous allons aux échappées belles, sur les crêtes ou dans les ravines acérées de rocs brisés où vivent des rassemblements de fleurs prodiges protégées du vent; craquant les valves de coquilles échouées à 50 mètres au dessus du niveau marin, nous arrivons à un sommet pour apercevoir une brève caravane qui le contourne en suivant une sente presque imaginaire. Menant son troupeau de dromadaires un homme bleu tertre chante, longtemps sa complainte distante restera dans l'air.

Le lendemain est consacré au rite, à bord il y a toujours à faire, pas le temps de rouméguer, au tour des menottes de pétrir les miches - n'y voyez rien de coquin car il s'agit de faire du pain - les miches boulangères se doivent d'être onctueuses, dorées et croustillantes pour être savourées. Depuis quatre ans nous stockons sous vide une importante quantité de farine blanche et seigle mélangées achetées au boulanger de Camaret qui n'a jamais la touille qui pend car il bosse dur.

Dom est rapidement devenue maître dans l'art du pain. D'un don naturel elle égaye ce qu'elle touche, fait l'instant passionnant. Je ne sais d'où elle tient cela, mais elle l'applique sans rechigner. Rencontres, travaux ou découvertes deviennent agréables et possibles en un clin d'œil.

Une fois la pâte malaxée, puis montée au levain, un deuxième pétrissage pour une autre levée, direction le four d'où une délicieuse odeur de cuisson envahit l'intérieur, asticotant des impatiences aux papilles. Les pains, cuits par paires, sont conservés deux ou trois jours, enveloppés d'un tissu.

Á la sortie de l'abri la mer nous cueille d'une valse cadencée. Vilains présages dans l'Est, des nuages lenticulaires s'étalent dans le ciel, volant vers nos voiles. Ils finissent par s'étioler de dentelles, puis disparaissent. Ces signes génèrent souvent des vents violents.
Oumâ navigue entre la côte et le platier de Qumera, un chenal étroit où une brume de chaleur s'accroche à l'eau, nous sommes censés identifier une épave de cargo près d'un rocher sur lesquels il serait opportun de faire un relèvement compas. Peine perdue, la ouate nous en empêche, ça n'est qu'à la sortie du passage que l'on devinera leurs pâles fantômes.

Au cap Abu Shagara le loch file bon train, ziiiiiii ! Le moulinet se dévide à fond, obligeant à réduire la vitesse en roulant le génois afin de remonter un thon de 12 kg qui tire comme un mulet. Un nœud autour de la nageoire caudale, un autre au balcon arrière, pas le temps de s'en occuper car au nez du bateau arrive une série de virements de bord naufrageurs à soigner si l'on ne veut pas se retrouver dans le club du cargo vaguement deviné. Toujours cette brume dense, mais elle commence à se dissiper, diaphanes ouvertures aux fenêtres bleutées.
La première balise espérée est à sa place, la seconde aussi, plus loin sur la marque occidentale du Shab el Hara deux perches inclinées introuvables sur la carte, mais bon, la mer Rouge c'est comme ça, à la carte ou à la tambouille. Une nouvelle pêcherie ? Le cotre file ses nœuds en marquant ses repères jusqu'à s'effaroucher de deux mâts émergés, une coque ondule sous la margelle du tombant qui supporte la balise, le drame semble récent à voir le gréement toujours en bon état, les voiles dégréées laissent à penser que l'équipage à sauvé sa peau. On en saura plus à quelques jours de là.

La mer incendiée

Immobilité, pas un souffle. Mer lourde, ciel de plomb. Voilà les cinquantièmes, non de latitude mais de degrés Celsius. La réverbération en garantit la sévérité. Nos gosiers s'ouvrent comme des gouffres, tout y passe, eau, thé brûlant, café, dix litres deviennent un minimum bientôt distancé, on ruisselle, on s'étiole, desséchés. Imperturbable Oumâ glisse entre les îlots Mesharifa où les nids des aigles se noient à une végétation instinctive stupéfiante, les sables aveuglants plongent dans le cristal, la vie patiente se tait sous le feu en attente de la nuit apaisante. Á Khor Inkeifal on mouille où l'on veut (y'a personne) au Sud de la mangrove qui teinte l'eau d'une couleur de chlorophylle. La terre se tord de chaleur, nous avons pour compagnons un dromadaire et un marabout irisé bleu, cou rentré, figé sur de longues pattes grêles, il est illico égrené marabout deux ficelles. Le dromadaire, impassible, semble satisfait du climat.

Au bout de dix minutes de plongée je suis complètement crevé par la température, de toute façon cette eau trouble, le corail presque entièrement mort, ne sont pas réjouissants, c'est mieux sur le tombant extérieur, accompagné de requins vadrouillant en bandes, curieux mais tranquilles. Dom se paye une insolation en cueillant des palourdes sur le

tison du bord de mer, transformée en pâles vertiges à gros mal de crâne qui mettront un temps à quitter le bateau, allongée dans le carré, plâtrée de linges mouillés.
Ha ha ! Ils sont gaillards les marins ! Bourbouilleux, amaigris, le cerveau en éponge, le neurone flasque ! Á la réflexion personne ne nous poussait à venir ici, sinon les livres cuisants de Monfreid. Á lire ses aventures allongé sous la couette, du chocolat sous la main, c'est passionnant. Arrivés là, pas de doute, l'homme fut intrépide pour avoir fureté avec si peu de viatique, sa pénétration, sa constance sont à ce point époustouflantes. Terres isolées révélant une intensité tenace, c'est surtout la véhémence des éléments, si tactile à l'âme et au corps, qui bouleverse. En route filles de la mer et fils du désert, que les fesses nous pèlent si elles trainent sur les banquettes !

Dans un lointain bâbord l'île floue de Mukkawa montre plus nettement quelques veines ocre, nous ramassons à plein nez un vent qui porte la route de deux barques de pêche dont les occupants ont empilé leurs turbans blancs spiralés sur le crâne. Á la fine pointe d'une étrave un vieil homme assis sur ses talons brûle son torse d'ébène, statufié il semble sonder les rêves du large.
L'arrêt à Juzur Telat est délaissé car trop exposé à la mer qui y met des fournées de vagues, les voiles tirent bien lorsque l'épave rongée d'un cargo est relevée par le travers. Oumâ accélère, écoutes débridées, puis contourne le cap Salak, vers l'Ouest. Nos mains sur les cordages rêches de sable et piquetés de sel, nous pénétrons dans un boyau rapidement évalué, superbe mais limite.
La nuit sera si étroite que nous préviendrons les évitages du voilier, tout est prêt sur le pont, deux ancres nouées à leurs cordages pour parer à un éventuel coup de vent. Il eut été possible de sauter sur le corail pour y amarrer les retenues. Le courant rentrant tient la coque dans l'axe du sillon, tandis qu'une brise légère caresse au flanc. Peu dormi à veiller, admirable voûte lumineuse, si éclatante qu'on voudrait que jamais elle ne cesse. Á l'aube chaude, dans le Sud, des flamands fouillent l'eau près d'un inévitable dromadaire solitaire. Pattes repliées il rumine des pensées.

Á quoi pense le dromadaire? Camel idée!

Un homme bleu arrive sur les rives de la mer Rouge après avoir longtemps marché sur le sable. Il s'assied pour contempler le scintillement qui plisse ses yeux khôl. Infiniment il regarde la mer Rouge, puis d'un bon se lève.

- Si la mer rouge est bleue alors moi je suis rouge !

Il se met à rire, à rire à rouge-gorge, à rire si gaiement à rouge-gorge déployée que des ailes lui poussent, s'envole dans l'azur, buvant le saoul de sa nouvelle liberté.
Soudain, peur bleue.

- Ciel ! Je redeviens bleu, je risque de tomber de haut !

Il redescend entre bleu ciel et rouge mer, dans le mauve, s'oriente puis se fond dans le Levant.

Son dromadaire, surpris, le regarde, ruminant des pensées incertaines.
Quoi ! Mais si, un dromadaire ça panse, et même plusieurs fois de suite.
Puis il pousse un long sifflement étonné.

Quoi ! Mais si, un dromadaire ça vous siffle le beau Danube Bleu, sans problème.
- Purée d'aubergine ! dit le dromadaire.
Plop ! Un Djinn hausse la tête du bât.

- On m'appelle ! dit le Djinn.
- Qu'est ce encore ? dit dromadaire.

Quoi ! Mais si, un dromadaire ça parle, ça peut amuser le tapis.

- Je suis le Djinn bleu, mon fils est dans la bouteille de l'autre sacoche, si tu souhaites exhausser un vœu, appelle le ....Plop !

La nuit claire enveloppe Dromadaire immobile, son esprit flotte entre les étoiles fraîches et le sable tiède, son ombre tournant lentement, comme un quadrant lunaire. Á l'aurore du premier soleil de sa vie libre il s'en va pour le Sud vivre sa vie de dromadaire libre, lançant ses pattes longues sous son cou très long. Un renard du désert qui court après une souris jaune qui court dans l'erg le voit danser une bossa nova et l'entend déblatérer comme un chameau "Carabosse, je n'ai plus de Boss".
Après deux semaines de dandines d'une dune à une autre dune dînant d'une herbe drue dénudée dénuée de nuées, dromadaire a soif, très soif. Il étend son très long cou, aspire une goulée de mer Rouge et dit:

- Sel amer.
Le drôlementassoiffémadaire cherche désespérément de l'eau, même saumâtre, rien, que du sel, que du sable.

- Djinn !
Plop !

- Quoi ?

- J'ai très soif, je meurs !

- Tu arrives au bout de ton histoire. Je t'envoie mon fils pour ta dernière volonté. Attrape ce flacon et débouche le.
Le drôlementmalindaire se saisit du flacon, le débouche, l'embouche et avale le Djinn-fils d'une lampée en riant.
Quoi ! Mais si, un dromadaire ça rigole, comme un bossu.

Au pays du Vent et des Oiseaux

Bon, on a bien fait de quitter le mouillage parce que le dromadaire nous regarde d'un drôle d'air et la météo va sérieusement s'aggraver. Peu de temps avant la perturbation nous conversons par radio avec l'Ernesto Léoni, imposant charter à moteur sous pavillon Italien venant de Port Soudan. Renato, patron à bord, monte au Nord pour tenter de renflouer le navire sombré à Shab el Hara - il y arrivera - Le voilier de 35 mètres a fait eau sur avarie, chanceux de choisir son échouage.

Mur de brume bourré de sable droit devant, l'air jaune empeste le chaud, le Haboob arrive une nouvelle fois, le dragon se réveille. Á prendre les bas ris dans la voilure, à verrouiller les capots, tout est saisi sur le pont quand Oumâ pénètre dans la tourmente. Vent fort corsé de violentes rafales, ça vire d'un bloc de S-E à S-O, le ciel empli de gris s'enflamme de rideaux rougeoyant comme des feux de brousse soulevés de tornades gavées de chaleur, feu et sable crachent. Les voiles et la coque nous font une jaunisse aux embruns chargés de silice qui s'y collent. On pense à aller au large, prendre la cape, mais pour l'instant c'est encore maniable, il faut grimper aux barres de flèche, tenter de localiser la côte. Le positionneur satellite c'est pratique, seulement ici les cartes se jouent de vous pour deux milles nautiques. Oumâ bourre dans la brafougne, je pose les fesses six mètres plus haut, étreignant fermement le tube d'aluminium. C'est le troisième coup de vent en mer depuis le départ de Bretagne après celui subit au sortir du golfe de Gascogne (vous savez, ce gars qui cogne). Naviguant sur la zone le navire océanographique d'Ifremer enregistra des pointes à 72 nœuds. Gast ! Et un autre au large de la Sardaigne quand la Méditerranée d'hiver, devenue si blanche, illumina la nuit des feux blancs de ses cités fantômes.

Haut fond brun-vert droit devant, carte des naufrages, nous savons depuis longtemps que ça fait parti du grand jeu. Il faut abattre. La carène file vers des tons plus profonds. Dominique donne régulièrement la position, suivie de celle que nous cherchons, seule une persistante ligne de récif répond au regard. Dans ce prunier au temps de la récolte je me consume de l'intérieur et flambe de l'extérieur. Ce qui me sert de langue devient dur comme un caillou, le Haboob envoie ses gigantesques gerbes de feu. Á la barre la Demoiselle des Vents essaie de saliver, elle aussi

grimace d'inquiétude, elle n'a pas tord. Si nous n'insistons plus à deviner la passe, si le doute est trop fort, les certitudes rabotées par le Haboob, Oumâ ira au large, en sécurité pour encaisser la raclée.

Des bouteilles d'eau dansent dans nos têtes lorsque l'une d'elles se teinte, bizarrement déformée : apparaît une balise plantée à la pointe du tombant, comme un appel ouvrant le lagon. Moteur, on vire. La baie est bousculée, nos images connues s'y brisent, le sable s'entasse sur le pont, les capots restent fermés, nous découvrons la vie dans un four à pizza, six jours nantis d'accalmies au couchant. Jours blancs, jours fauves, jours incandescents au cœur de ces lieux si incléments lorsque se déchaînent les éléments.

Le rationnement d'eau commence, pourtant pas un instant nous n'envisageons abandonner, tourner l'étrave au Nord eut été démoralisant, nous avons confiance en nous et en Oumâ, liés au voyage. Le chemin continue.

La vie est dure mais libre et sincère elle nous plaît, notre âme touchée par la grâce sauvage ne désire ni ne nécessite un ailleurs.

Les plaisirs se partagent avec le milieu.
Le premier est le lavage du pont à l'eau de mer, chaque soir purger les petits grains qui bloquent winches, guindeau ou accastillage, remettre une tonalité à Oumâ. La couleur ocreml'accorderait mieux à sa Mer Rouge d'été.
Le second, avec la permission du vent, est la visite d'un gaillard soudanais à l'heure où l'après midi appelle la soirée. Pagayant sur un flotteur de planche de surf amputée d'un bon tiers, repéré à contrepoint du blanc laiteux, l'étrange aquanaute agrippa la jupe pour s'y hisser, puis tendre un seau protégeant des œufs. Cinq œufs frais ! Christophe Colomb eut été cacou d'en casser un seul ! Depuis belle poulette que nous étions sevrés de ces ellipses ! Voilà Sharif assis dans le cockpit, se mettant à parler anglais; nous rangeons nos mimes pour le dialogue car le soudanais nous le pratiquons presqu'autant que l'esquimau. Dans nos lexiques ou dans nos tiroirs de tête s'empilent les mots essentiels, au nécessaire nous y plongeons pour rafraîchir notre mémoire, ce que n'a pas besoin de faire un esquimau. Solide comme un ébénier ce Beja à la tignasse crépue a une volonté attachante. Il propose le troc, l'affaire est lancée pour un échange équitable aux deux parties. Le troc est apprécié chez les populations déshéritées - matériellement entendons-nous, ni quant à la morale ni quant à l'éthique - dont les valeurs se réfèrent mieux aux besoins quotidiens qu'à l'entassement. Sharif pêche à tâtons sur les fonds, nous proposons, en échange des œufs, un masque de plongée et une paire de palmes.
Coïncidence, son bout d'esquif vient de nos copains Ibères José Luis et Martha qui ont du se taper ici une bonne tortilla, il y a deux ans.
Le village se laisse parfois entrevoir entre des rideaux nébuleux. Posé au flanc d'une colline aride fichée d'acacias que le vent secoue, les murs de pisé et les toits de branchages abritent le clan. Chaque nuit d'été Sharif se lève maintes fois pour envelopper de linge mouillé ses enfants souffrant de la chaleur; les oiseaux lâchent leurs fientes dans la réserve d'eau potable, problème récurent à lAfrique; je me sépare de ma tente poncho qui abritait du mauvais temps en haute montagne, protectrice elle perdurera.

En ces jours où le ciel et l'eau se confondaient, la fraicheur des visites de cet homme faisait du bien. L'invitation au village fut malheureusement refusée, la soudaineté des caprices météo faisant craindre pour le voilier. Vêtues d'amples tissus éclatants que le Haboob plaque ou claque à leurs corps, les femmes parcouraient les sentes, portant une jarre sur la tête, les hommes se liaient à une tâche commune dans le lointain paysage de nos jumelles. Puis il y eut un dernier soir où Sharif se détourna vers un banc de sable, tirant son flotteur, incapable de pagayer sur des flots affolés.

Affranchis du fantasme des hommes les oiseaux de la baie courent ou volent à une encablure du bateau. Les flamands roses, posés au sommet de leurs pattes, cou serpenté à un gros bec, grattent pour extirper leur nourriture. Teintés rose pâle à blanc neigeux, ils vont en réunion, occupés à se nourrir, progressant lentement. Lorsqu'ils s'élèvent à la pointe de longues enjambées, leurs ailes découvrent le motif incarnat souligné d'anthracite, provoquant un choc esthétique, puis se posent encore en quête de plancton.

Dans la forêt de pattes des grèves se précipitent de petits échassiers à bec courbe. Piquetant le sol mouillé d'une cadence effrénée ils parcourent des kilomètres de lignes brisées, leur essor criard zèbre le paysage d'un kaléidoscope zigzagué blanc et brun.
Hérons cendrés à bec rouge, grands hérons lents, précautionneux, en alertes immobiles, des aigrettes ivoirines.
Les ibis, invariablement traversent le ciel à l'aube puis reviennent au soir, ponctuels, imprégnés du temps sidéral qui confond les pendules.
Duncan le pélican se tient à la lisière de l'écume, vraiment drôle de sa posture, sa poche flasque posée sur son plastron. Un soir, ayant pu débarquer un chouïa, nous lui portons la visite de courtoisie alors qu'il somnole, la tête enfouie sous des plumes gonflées du vent qui agite son air rêveur. Il s'éloigne, tournant un œil rond vers nous. Pour ce faire il bascule le corps, tenant son équilibre d'une patte, l'autre décollée du sol. Tombera, tombera pas ? Assurément non. Á la limite d'une gamelle vexante il déploie ses ailes immenses, le vent l'élève et il plane à distance.

Lorsqu'un pélican se nourrit, voilà une démonstration spectaculaire ! Plumes médusées sur l'air il repère la proie d'une hauteur considérable, puis plonge en coudant sa voilure qu'il range le long du corps, perce la surface, s'ensuit un rapide demi tour. L'onde de choc estourbit le poisson, il ne reste qu'à fermer le couvercle. Un haussement de bec avale la prise.
Á rencontrer l'eau si brusquement les pélicans meurent aveugles.

Voltigeurs magnifiques sont les Fous au plumage immaculé. Bassan à face masquée d'un loup noir ou brun, pieds bleus ou pieds rouges ces maîtres de la cabriole fusent en dégringolades formidables d'une altitude défendant leur nom, ouvrant la mer à une vitesse inquiétante. Par centaines ces criards s'élèvent, puis retombent, blanchissant l'océan de frénésie, hurlant leur liberté.
Pourquoi ne supportons-nous pas les cris des hommes, pourquoi aimons-nous tant ceux des oiseaux ?
Oumâ est veilleur de Fous, protecteur du totem. Lors d'une traversée depuis les îles Chagos vers l'île Maurice nous avions franchi la féérie aérienne de leurs avalanches.
Le marabout bleu, autant qu'un homme à la pêche, aime à parcourir le pied des falaises rocailleuses. Les dromadaires savent d'innéisme le moment de la marée, attendant la fin du jusant ils promènent un regard hautin à destination de la courte végétation de l'îlot qui les nourrit.
Les hirondelles de mer - des sternes - d'un coup d'œil et d'un coup d'aile filent au large pour se poser dans les gréements, les voiliers se balancent aux houles nocturnes, pavoisés de ces menues créatures silencieusement agrippées. Certaines n'ont pas cette chance, finissant sous la dent des chats lancés à des prouesses acrobates pour les attraper, rusant afin de tromper notre vigilance.
Á l'heure chaude où dorment nos deux pattes pelu, les grues huppées arrêtent leur vol, trouvant au sommet du crâne du capitaine le rappel douillet du nid dans une chevelure abondante, déployant des éventails de crêtes au gré de leurs émotions.

L’école de Khor El Marob

Fantômes, anciennes civilisations

Vents de Sud virant Est, puis Nord le soir. Le paysage côtier change progressivement. Arbustes à feuillage plus fourni, mangrove, palmiers en bouquets avec, en éternel arrière plan les barrières montagnardes aux élancements déchiquetés. On se demande quelles sortes d'Êtres habitent ces lieux propices au peuplement de démons ou de mages.

Au largue par 12 nœuds de vent Oumâ passe devant Port Soudan sans la moindre envie d'y entrer, le bassin bruyant est dédié au culte des cargos de commerce, l'administré y attend les voyageurs en frottant ses mains trop douces. L'image d'une rue persiste dans nos mémoires : un enfant, un corbeau et un dromadaire se battent à coups de poings, de bec et de dents pour un papier gras.
Sur le récif de Towartit, à deux milles de la côte, une armada de navires rangés en file semble attendre le tour d'appel. Nous reconnaissons ces mastodontes qui me

mordront plus les vagues, brutalement arrêtés dans leur course, les flancs déchirés, spectres d'un cimetière aux épaves, tôles rouillées, un lazzareto de lépreux des mers.
C'est chaud dans la passe de marsa Ata pour notre ventre bleu, c'est étroit, très étroit. Nous négocions le passage avec le corail. Il donne ce qu'il faut d'eau de mer en échange de notre promesse à ne pas le blesser. L'accord est conclu sous l'œil intéressé d'une feluq noire et blanche d'une quinzaine de mètres ancrée devant l'entrée, antenne affalée sur le pont, cordages lovés, désertée par l'équipage. Encore un peu de troc avec les gardiens du lagon et notre pique sable s'enfouit. Une hutte liée d'un portique de troncs noueux et de branches sèches nous attend. Les casseroles sont débarquées puis coincées sur le foyer, la nourriture disposée sur un lit de corail blanc recouvrant les braises.
Des histoires de marsa Ata, déjà gravées, reviennent. Toï allume la chicha bourrée de tabac à la pomme, de beaux nuages blancs nous emmènent vers les pays où les rêves sont clairs et rassurants. Cette baie est un coin rêvé. Au premier voyage elle nous avait illuminés, à nouveau la magie est là, les étoiles pleuvent sur ce silence ourlé de la caresse des vaguelettes et du cri-cri d'un grillon.
Lorsqu'on se balade longtemps sur la mer, rêve et réalité se tiennent parfois la main sur un même chemin, il arrive que le songe d'une nuit soit si vivace qu'il s'harmonise au jour.

Lors d'une seconde traversée nous arrivions dans la bulle de ce lagon afin de nous ressourcer d'un convoyage pénible. L'immense soleil rouge d'Afrique s'en allait, offrant un ciel chaud à sa brunante. Un vieillard loqueteux, hirsute et barbu, était assis sous la hutte l'esprit profondément éloigné, je ne suis pas certain qu'il nous vit. Au moment de ranger le pont un appel faible, un son impalpable. Ce qui arrive est effrayant. Pieds nus sur le corail, un lambeau de tissu battant son squelette, les yeux démesurés, sa main tragiquement tendue, un fantôme d'homme s'acharne à rester debout soutenu par une petite fille triste qui mord son châle. L'annexe rapidement mise à l'eau, nous ramons jusqu'à ces souffles vacillants.
Est-ce possible lorsque l'on y est confronté que les dieux osent cela…

Les dieux non, peut-être, les hommes certainement. Tandis que s'amorce un dialogue au moyen de mots et de signes de doigts portés à la bouche,, je vois au loin, dressées en retrait, des silhouettes dont se ressent l'intensité de l'attente. Ces gens subissent la famine à un niveau de désespoir catastrophique. La monstrueuse inégalité des existences nous agrippe de ses ongles sales.

Repartant vers le voilier notre galère devient un luxe insupportable. Coffres et placards se vident ne gardant que le minimum, nous débarquons des sacs emplis de nourritures, boissons, hameçons, fil à pêche, vêtements. Avides, les mains décharnées sont déjà là, fébriles au transbordement. Les regards atones ne cilleront pas.

La stature de ces spectres, ainsi que les traits moins torturés de certains indiquent qu'ils sont Soudanais et Ethiopiens. De leur terre, fuyant la guerre et le chaos, ils se sont arrêtés au bord de cette mer, au bord de leur abîme.

Nous n'interviendrons pas pour le partage, laissant la Hardiesse et la Licence Humaine revenir à eux, préservés de regards trop lourds.

Au soir sur la plage des feux s'allument comme des étoiles derrière un ciel menaçant, à bord c'est le malaise, nos pensées butent sur un mur taché d'incapacité à entreprendre tellement plus.

Mais quoi !? Á Port Soudan où le p'tit Oumâ fit ses papiers officiels à la première rencontre choc avec le Soudan, l'absurdité d'une forme d'aide internationale s'étalait en poussettes pour bébés vulgairement jetées à une Afrique dont les femmes aiment à porter leurs enfants sur le dos, des objets corrompus aux vitrines d'un supermarché. La bouteille d'huile ou le kilo de sucre que nous achetions, provenaient de dons pour être aussitôt revendus. Á Djibouti, des couvertures par centaines, coupées en quatre, puis négociées au préjudice de la misère. Parcours immoral pourtant répété.

Á l'accroissement de ces détresses isolées qui brisent la force des jours nous sommes décidés à croire que l'aide personnelle réfléchie est mince mais exacte. Multipliée elle l'est. Gestes anonymes sans tape à l'œil, pas de quoi faire reluire les usines ONG à bonne conscience suscitant cupidité et profit. La dignité de quelques unes, à l'exemple de MSF que nous avons côtoyé au Yémen, a valeur de regrouper des individualités de talent pour que sur le terrain chacun parte sur sa voie, difficultés ou impossibilités ne sont franchies qu'à la ressource de la vaillance et de l'humanité de chacun. Certaines missions s'avérant très pénibles nous sommes témoins de ce que veut dire aide humanitaire, don de soi, dévotion, et des drames psychologiques qu'ils engendrent parfois.

Le lendemain, dès l'aube, nous repartons pour le Sud, espérant devancer la saison des cyclones, espérant que cet exode mosaïque survivra lorsque soudain des cris trottinent sur la plage. A pleines poignées ils tiennent des langoustes par les antennes. Les musulmans ne consomment pas de crustacés à cause du sang contenu, mais ici le poisson abonde autant que la multiplicité des religions. Etait-ce le témoignage d'une victoire ou était-ce un présent ? Si le geste nous laisse confus, la chair servira au minimum d'appât.

Cette émotion fit resurgir les mots du livre Le Désert des Déserts de Wilfred Thesiger traversant en compagnie de bédouins le Pays du Vide, le Rub Al khali où chaque pas est un effort pour la survie, où la coutume veut que chacun se chamaille pour offrir une part du chétif contenu de son assiette à l'autre, estimant son compagnon floué, faisant ainsi valoir son honneur. Définitivement, moins on possède plus on donne, c'est une loi de connaissance des valeurs.

Aujourd'hui grand Oumâ somnole sur marsa Ata comme un cheval tranquille, la hutte est vide, alentour pas de tombe sobre d'une pierre plantée, juste la luminosité silencieuse. La guerre est transitoirement finie sur les hauts plateaux de l'Est, le tyran Mengistu est en fuite, pourtant une tragédie s'étend vers l'Ouest, une catastrophe inimaginable qui compromet l'esprit des hommes, un exode par millions, accompagné de famines massives à peine regardées.

Le havre semble étrangement plus restreint qu'auparavant. Le silence du désert reste immense. Tandis que je montais mes lignes de pêche, assis dans le cockpit, une nouvelle fois il le prouva. Posant les yeux sur

l'horizon apaisant des dunes je devine un minuscule point qui se fiche, lointain, perçu un instant. Un nœud d'hameçon après l'autre, un autre encore, les dents tirant vers le haut, les doigts vers le bas à envoyer valdinguer le dentier que je n'ai pas encore, je capte mieux le tressaillement qui vient, curieux mouvement au cœur de l'immobilité. Un faible nuage s'échappe au coté d'une silhouette approchant, disparue par instants dans les replis du sol. Concentré sur mon affaire de bobine je continue d'enrouler le fil nylon. Un interminable bout de travail plus loin un chèche blanc tenu sur une tête se balade en zigzagant, déchiffrant un cheminement. Le cockpit est plein de boucles de fil vert, mes pieds s'y emmêlent. Dans l'air dédoublé émerge, d'un sillon de roches ourlées de buissons ras, un homme de petite taille, très sec, pieds nus, mollets découverts d'un saroual gris blanc, la djellaba retroussée à la taille, le baluchon de tissu brun dans le dos, noué sur le torse. Un long bâton à la main il tricote des pincettes, puis s'arrête net au bord de la mer, plaquant son regard sur Oumâ, pose la plante d'un pied le long d'un genou, et s'immobilise comme un héron.
Je l'observe, fais signe de la main, aucun geste en retour, seulement ce regard fixe à une longueur d'amarre. Accroché à de nouveaux hameçons je continue de fourbir les lignes sous le soleil qui poursuit sa course brûlante, jetant des coups d'œil perplexes à cet homme dont le visage ne frémit pas. Ses yeux se font intenses, une étude palpable bouillonne. Une heure bien plombée plus tard le tableau contemplatif n'a pas changé un seul grain de sable à sa nature, semblable à ces sculptures dont les statues échanges leurs émotions. La rencontre semble à la mesure du phénomène marsa Ata où l'âme prend de la hauteur.
Qui rompra le charme ? Ce fut moi lorsque mon ouvrage terminé je rangeais mes lignes, un petit tour à l'intérieur pour prévenir Dominique plongée dans un livre passionnant.

- Je débarque pour un être sorti du désert.

Elle s'extirpe de sa lecture. Nous contemplons le tableau, je saute dans l'annexe, trois coups de rames, le pied de la statue est là, seules les pupilles s'animent.

Et hop ! L'homme saute à l'avant de la prame, d'un geste décisif du tranchant de la main il désigne l'autre rive, s'accroupit, clairement à l'aise, regarde vers sa destination et nulle part ailleurs. Et hop ! Le voilà qui ressaute à terre. L'annexe échoue doucement sur le sable, je me lève, réfléchissant à un dialogue verbal que je soupçonne bref, il me fixe intensément, une légère détente à son visage esquisse un début de sourire.

Á l'écoute de son silence je repousse mon petit canot, l'observant devenir à nouveau corps immuable, même plat de pied contre même genou, appuyé à son bâton, regard égal.

Depuis le pont du voilier la créature des sables est toujours là, tournée vers nous.

Le soleil a parcouru un long segment d'arc lorsqu'il se détourne soudain pour repartir, marcheur du désert trottinant vers l'horizon, rapetissant à la vue pour finir en un tout petit point fiché, là bas, très loin, puis disparaître.

La Nubie est vide en apparence, du désert, de ses passages, émane une intensité, une parole aurait pu la briser.

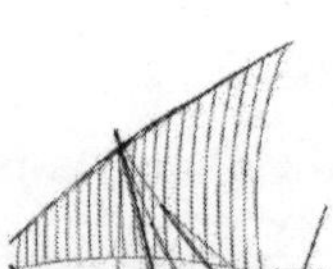

Zaruq

Boum

Sambuk

Baghlah

Mise à l’Oh Hisse !

Sawakin

Sawakin porte le nom de l'archipel que sillonnent ses pêcheurs, une multitude d'îles et d'ilots égrenés sur le large, c'est également le désignation du dialecte exprimé jusqu'à son Sud, plus loin sur la côte le dialecte Beja se mélange au Tigrinya du Nord de l'Erythrée. D'illustres colonisateurs portant au chapeau la plume d'un oiseau qu'ils n'avaient jamais vu voler, ou bien coiffés du lavabo colonial, la nommèrent Suakin, dédaignant l'effort de prononciation dû à la déférence. Il en va d'une pareille grimace pour les bateaux qui ne furent pas imaginés par eux, échoués sur le nom de boutre, terme originellement inexistant sur cette mer où écument houris, zarougs, feluqs et sanbuqs, les marins en fouta s'évertuant à formuler des 'boats' devenus boutres, version gutturale de l'anglais.

La règle des conquêtes semble universelle, rarement indulgente.

Voiles établies pour le port de Sawakin Oumâ navigue en relevant Shab Damath puis le récif Fikhab, croisant des ribambelles de zarougs et houris toilés en essaims de papillons allant grappiller autour des fleurs de corail. Sur le long bras de mer qui mène à la vieille cité l'appel radio à la tour de contrôle reste sans écho, ça somnole sous les ventilateurs au rythme de la chaleur écrasante. Oumâ avance dans un air mollissant, on ne sait plus où se mettre, nous nous jetterions à l'eau si elle était glacée. Au fond du goulet apparaît le corail rongé d'une ville fantôme jadis si riche. Á longer la terrasse du palais de l'ancien gouverneur Mumtaz Pasha, à frôler ses flétrissures le voilier passe dans un entonnoir avec peu d'eau sous sa quille, continue le long de l'équilibre tragique des vieux portails pour aller ancrer près du chantier naval effervescent.

La règle impose d'attendre à bord la venue de l'égide autorisant le débarquement.

Une vingtaine de pêcheurs hissent du dos, ou du plat des mains, une belle Feluq au niveau de la haute mer en scandant un chant syncopé entrelacé de palabres et de cris. Puis le soir tombe, apaise l'ardeur, les voix s'estompent en gazouillis avares, des fumées d'arômes s'étirent, une embarcation miniature grande comme trois coquillages rentre sous son aile minuscule, l'homme barre contrebalancé d'un gros pélican à la proue, deux amis au retour de la pêche.

Le jour renaît. Une partie de la population s'est immergée dans la mer pour se laver et se rafraîchir d'une nuit torride, les rires de leurs jeux nous réveillent. Certains, en toute pudeur, se baignent dans leurs vêtements collés ou gonflés de poches d'air, sur une pierre est assise, crue, une femme généreusement pansue, plantureuse à souhait, deux ingénues tamponnent délicatement sa peau noire. Un jour nouveau arrive à l'heure où les galettes sortent du four, déjà la vivacité monte avec le soleil.

En milieu de mâtinée embarque notre ami Mohamed l'agent, colosse d'ébène derrière lequel on pourrait se cacher si on nous embêtait – bel homme assure Dom – accompagné du docteur habilité à une garantie sanitaire; le pavillon jaune qui appelle la visite est affalé, nous pouvons aller à terre. La tolérance de ces personnes est appréciée car le règlement stipule qu'un navire est tenu d'obtenir sa clearance d'entrée avant que l'équipage n'aille goûter du sol. Depuis plus d'un mois nous foulons les côtes du Soudan, ce dont ils ne doutent pas. Les formulaires et les tasses de café se remplissent, le tout sucré de bonnes histoires; c'est bon de rejoindre des amis, nous en ressentons le besoin, c'est l'une des raisons de nos voyages.

La haute porte d'accès à l'ancienne cité est signée d'interdit pour cause d'effondrements. Ce lourd portique à vantail fut bâti sur ordre de Lord Kitchener qui y alla d'une cuisine architecturale de mauvais goût, genre pudding épais en comparaison du style à arabesques.
Les ruines séniles sont coupables de commerce d'esclaves dès les vieux siècles et d'en être le dernier 'poste de vente officiel' jusqu'à la fin de la dernière guerre, cette vilaine référence à l'Histoire. Mais qui oserait affirmer aujourd'hui que le négoce n'a plus cours dans quantité de pays, remaquillé ?
Notre découverte de Sawakin à bord du P'tit Oumâ avait tourné au dantesque. Arrivé de concert, un violent orage irradiait d'or et de noir les architectures torturées, les couvrant du symbole d'un maintien menaçant, l'errance y fut lourde. Aujourd'hui, par respect, nous ne pénétrons pas le sanctuaire.
Le Soudan est un vaste pays, économiquement l'un des plus pauvres jusqu'à ces dernières années, amorce de son exploitation pétrolière. Bourrée de contrastes, mêlée de traditions séculaires et modernes la ville nouvelle s'anime d'une atmosphère sans âges.
Tournant le dos à la porte massive nous remontons la rue bordée de barques enluminées. Au terme de leur travail matinal forcé, un groupe de prisonniers regagne les geôles sous escorte armée, au boucan des autobus délabrés qui tressautent en déglinguant leurs ferrailles, de voitures disparues sous des amas de bagages, allées et venues au quai des ferries assurant la liaison avec Djedda la Saoudienne, vers l'autre rive de la mer Rouge. Á son échoppe le cordonnier coupe le cuir odorant de vache, chèvre et dromadaire pour en faire des sacs égayés de franges ou de pompons. Qu'importe si le visiteur n'achète il est à toute heure invité à boire le thé.
Sur la place c'est la douche mosaïque. Une fourmilière humaine à laquelle nous sommes vite mêlés sillonne le souk, les femmes effleurent le sol

poussiéreux, vêtues d'amples tissus, interminables couleurs franches. Aux ailes brunes de leur nez balancent de grands anneaux d'or rehaussant la peau fine. De statures droites élancées, allant souvent par deux elles n'hésitent pas à poser l'œil sur les inconnus pour sourire. Ces fraîcheurs sont heureuses d'appartenir aux tribus Beja présentes sur les côtes du Soudan. Leurs masculins prétendent également représenter noblement la communauté. Grands, les trais sauvagement épanouis, la djellaba ou la fouta ceinte sur les reins et ajoutée d'un gilet de couleur ils sont inévitablement liés à la parure tribale par une chevelure abondante, le long peigne totem planté dedans. L'épée à pommeau d'argent ciselé bat leur cuisse dans un fourreau de cuir, droite de plus d'un mètre, une lame de rasoir. Ces personnages de contes montent, ou précèdent à la marche, un dromadaire qui blatère à l'odeur de ses congénères. Les Bejas, ancien peuple couchique à l'étincelle sauvage, distendent la rue de la considération millénaire de pilleurs qui les accompagne, vendant vanneries, graines et couteaux de leur production.
Dom est abordée par une volée de femmes en robes spacieuses à motifs proclamant une autre ethnie. Des rubans carmins et pourpres glissant sur leurs tuniques noires, quantités de bracelets d'argent clinquant aux poignets, colliers d'ambre miellés, tatouages échappés du tchador masquant des visages plus anguleux, les femmes Rosheidas vendent leurs bijoux, les sonnant aux tympans, amusant leurs porteurs de sabres courbes qui tournnt la manivelle de machines à coudre à l'ombre des vérandas.
L'histoire classique des Rhosheida s'associe aux millénaires, à l'adaptation en milieu difficile. Nomades originaires d'Irak ou de la Péninsule arabique pour le passé récent, ces bédouins des déserts du Nefoud, de Syrie, du Dawha ou du Rub al Khali, ont migré en partie vers l'Ouest puis traversé la Mer Rouge pour trouver une ambiance familière aux abords du désert de Nubie. Eleveurs nomades possédant d'immenses troupeaux, ils s'abritent sous leurs tentes tissées de poils de chèvre au confort des tapis.

Nous allons nous protéger de la touffeur écrasante dans une gargote de bois penchée du coté où elle s'effondrera peut-être un jour. Le sol battu

frais est meublé de tables en planches patinées, un banc court le long des cloisons. Un brasier d'enfer – rien de dépaysant – survolte les grosses bouilloire de fer blanc, c'est ici que l'on déguste le Gingebil : une tasse de porcelaine lilliputienne décorée de dentelle bleue, à demi remplie de sucre cristallisé que l'on imbibera plusieurs fois au jet minuscule jailli d'une jarre, tout aussi menue mais au volume débordant l'imagination. Eau bouillie, une pincée de café, une de gingembre et une de girofle pour le parfum dévorant d'un élixir afro paradisiaque. Sous la toiture festonnée de blasons à l'effigie du Tout-Puissant et d'un rappel au culte présidentiel, l'ambiance est à l'observation curieuse. Les gamins servant les boissons nous lampent des yeux, nous avons du mal à ne pas en faire autant de la clientèle.
Un homme souche, enraciné au banc, tire un sachet des tréfonds de sa livrée, y enfile le pouce et l'index, roule en boulette puis bourre une pâte grasse fleurant la solide habitude entre une joue et une gencive anesthésiées sous un œil vitreux. Son truc c'est pas du chiqué, ici on dit snuff, mélange de tabac huileux et de poudre de chaux, entre autres, ingrédients corrosifs apaisant le pratiquant. Nous mettons une nouvelle averse dans notre tasse pour sucer le nectar à l'instant où vient un géant noir coiffé d'une toque mouchetée, sa canne ivoirine bien en main. La djellaba immaculée sous un gilet sombre il s'avance pour demander en anglais maitrisé de quel pays venons nous. Le nom que nous prononçons nous apparaît alors aussi lointain qu'à lui. Dubitatif il marmonne, soulève sa coiffe, puis salue en inclinant la tête. Pour une suite conversée il faut aller au rythme de l'Afrique, de ses rencontres probables.
La buvette coule d'une torpeur bienfaisante, mais les ressorts Gingebil ont percé sous nos pieds, les centres moteurs sont activés. La maigriotte dîme versée, nous partons dans un louvoyage convulsif vers le souk étalé autour du carrefour principal. Perchés à hauteur de poitrail sur des plateformes cimentées les vendeurs trônent au milieu des récoltes, assis en tailleur ou à genoux dans les pastèques vertes, les mangues jaunes, les citrons, les oranges, les pamplemousses rosés, de petites tomates molles, les oignons en avalanche. Ces fruits et légumes nous inondent d'une miraculeuse victoire sur l'aridité. Dom choisit, soupèse, tâte, hume, discutant avec les jardiniers pendant qu'un garçonnet propose ses petits

pains ronds et frais. Je lui achète la moitié de son panier, ravi il détale annoncer l'aubaine à ses copains qui arrivent pour tenter leur chance. Le marchand de sucre et farine se remet d'une nuit blanche, il dort allongé sur le flanc, une main en oreiller, ses orteils croisés d'un sommeil patelin qui l'éloigne du brouhaha. Nous ne le réveillerons pas, ayant à bord autant de blé moulu qu'il en propose. Les mouches, exaspérantes, battent le marché, larcinant sur les tissus de mousseline qui éclipsent d'amples disques de teff déposés devant les femmes assises chassant ces tourbillons d'une main souple, observant la foule comme une mémoire à conserver. Ces galettes au goût aigre, à farcir de viandes, de légumes, nappées de piment violent, feront l'Ingera traditionnelle dont se gourmande l'Afrique de l'Est.
La foule boit d'immenses verres d'eau fraîche puisés à des jarres de terre ou à des bidons de plastique. Descendue des sources des montagnes ou captée aux nappes enfouies du désert, puis transportée par camions, l'eau pure de Sawakin, village de sel et de sècheresse, est transvasée à des citernes de métal galvanisé que tirent des ânes dodus trottinant sans cesse à travers le bled pour la distribuer.

Je suis à la recherche d'une échoppe, décidé à avaler un bol de lait de chamelle. Dans une venelle je croise quelques personnages satisfaits épongeant leur bouche d'un revers de manche. Un connaisseur, ses lèvres ourlées de mousse, me stimule, assurant que c'est riche, bienfaisant et que ça rend fort. J'espère quand même ne pas trop devenir chameau, quoique sous un certain aspect cela puisse être bénéfique à certaines traversées solaires. Il a pour le moment un goût onctueux.
Abdallah, la porte de son sourire toujours ouverte, vend du snuff depuis son retour du Yémen où il enseigna l'Anglais après avoir fuit sa province du Darfour, à la frontière du Tchad, malade d'oppression et de famine. Notre rencontre amicale permit la visite des habitats du village sans marcher dans l'indiscrétion.
Il a refermé ses boites pâteuses, rabattu les battants de bois imbibés des senteurs entêtantes de son business, puis remonté avec nous la rue commerçante où les moutons et les chèvres errants chapardent les graines de sorgho à des plateaux déposés sur le sol. Les teintures vives

de laines cardées, nouées sur des cadres de branchages, annoncent le bout de l'allée du négoce.

Face à de sobres bâtisses appréciées comme luxueuses car élevées de planches résineuses dégrossies et peintes, nous considérons une technique connue jusqu'en Norvège, les pratiques de l'esprit n'étant ni nationalisées ni privées. Il s'agit de la construction à clins, et il en va que le chant inférieur d'une planche vienne mordre en pente légère dessus celui du dessous, comme le fait une robe à volants. Quant à l'intérieur je n'en sais rien.

Après cet habitat nanti, le bois isolant de la chaleur, la rue terreuse bordée de murets de pierres prend une teinte rouille. Un quartier aux flancs serrés a été chaudronné de la récupération de fûts cisaillés, déployés en tôles rectangulaires puis assemblés en cloisons ou toitures, bruts d'oxydes bruns ou jurant encore de leur fondement à coups de publicités. En vertu de la création qui a sa source inépuisable à l'imagination autant qu'à l'attribution, ce quartier d'artistes métalliques contemporains ne s'arrête pas là, les œuvres des récolteurs de fonds et couvercles ont germé, et l'expo, c'est pas du bidon ! Superposés en écailles de poisson ou en fleurs écloses, les murs n'en sont plus vraiment, métamorphosés en marines ou en jardins.

Gardiennes à la lisière du grand désert venteux, les paillottes de torchis abritent toujours les mythes et les rites de l'Afrique éternelle.

Chez Abdallah et son élue c'est propre, agréable, la fraîcheur s'apprécie sous l'aile d'une véranda de bois ou dans l'unique pièce décorée de souvenirs. Nous sirotons l'après midi d'un thé brûlant, sous le fantasme d'un poster, paysage suisse aux sommets enneigés couronnant des enfants souriant dans une herbe tendre.

En fin de soirée, traversant les terrains vagues, nous allons au chantier naval mouillé sur le bord du lagon. Le charpentier n'a ni plan, ni table de traçage, pour outils une herminette qu'il fait valser d'une dextérité infaillible, une scie, et son crayon planté dans sa tignasse. Ses bateaux naviguent dans sa mémoire, ils sont justes, harmonieux et rapides comme nous les voyons aller sur la mer. Les membrures d'essence de mûrier

reçoivent des bordés en planches de pin importées de Russie.
Dans un chaudron attisé par un petit diable alchimiste aux yeux rougis qui tressaute sur un soufflet en peau de chèvre, fondent en bulles des boîtes de conserves qui feront les clous. En Afrique débrouillarde les boîtes vont en clous tandis que chez nous les clous vont en boîtes, car ici les boîtes valent des clous alors qu'ailleurs elles n'en valent pas un. Simple question d'adaptation.
Chaque lancement d'une feluq juvénile ou d'un houri neuf amène des dizaines de marins venus rouler les quilles sur des bois ronds, scandant une syncopée rauque aux claquements des mains, aux cris des femmes qui dansent et chantent en invoquant les faveurs ondines.
Á l'aubier du mois d'août nous sautons sur la benne d'une camionnette en partance pour Port-Soudan afin d'aller raviver nos relations à coups d'emails. Sur la place un camion trapu embelli d'indigo sahraoui et de blanc salin charge pour les pistes du désert, le Haboob coutumier souffle, asséchant la savane autant que nos idées de fraîcheur, le sable vole, les buissons épineux arrachés boulent sur la plaine.
Au vent de ce plateau à roulettes c'est la protection totale. Une douzaine de voyageurs avertis se sont enveloppés comme des momies, la tête enfouie entre les genoux lorsque les rafales tournoient. En dilettantes nous portons des lunettes de soleil, debout accrochés aux ridelles. Sur la route envahie de congères le taxi avance en première, s'écarte dans les bas côtés.
Les tornades se hissent sur la plaine comme des cobras, mordant le sol et les tentes bédouines ancrées au bord d'une mer d'acacias, puis s'enfuient pour s'anéantir au bout de leurs razzias. Les chèvres, à qui il en faut bien plus pour s'émouvoir, broutent dans une vapeur qui filtre la vision.

Me retournant pour regarder les passagers du Haboob, je sais où ils sont en ce moment. J'ai grandi sur les montagnes berbères du Haut Atlas au gré des déplacements de mes parents, je reconnais ces sentiments. Assis sur ce véhicule qui roule ils vivent leur nature mythique, n'ayant aucun effort à fournir, les corps dessaisis sont confiés au chauffeur chargé de les bercer. Les âmes, parfois pénétrées de pensées fugaces, volent par

dessus la terre, aux montagnes, aux nuages, respirant l'énergie de l'Afrique.
Une congère plante les roues, réveillant tout le monde. Il faut descendre déblayer le sable, aidés du mécanicien d'un camion qui rugit à forcer le passage.
A Bür Sudan, ville coloniale émancipée, c'est le plongeon dans un concert de klaxons. Une cohue innombrable circule entre les arches blanchies à la chaux. Place du marché les passagers sautent sur l'asphalte collante, chacun va à ses affaires, chargé d'un sac ou d'un balluchon. Après un kawa épicé, attrapés par les vendeurs de cigarettes et de ceintures à la sauvette, nous marchons jusqu'au jardin citadin dont l'immense marché est le poumon. On y arpente les rues potagères, des venelles fruitées, le boulevard des sucreries ou l'avenue des volailles, les pieds adoucis d'une buée humide giclée par la paume des arroseurs. Il y fait frais, ça sent la salade et le pamplemousse, la cacahuète et l'amande qui grillent nos économies, la poule aguicheuse. Par centaines les mains dansent des étals aux paniers, feuilles ouvertes ou roulées, touchées par les rayons tamisés du soleil. Nous bourrons les sacs à dos.

Marie-Christine et Michel ont ancré dans le port, nous espérions découvrir Tossimoh, malheureusement depuis l'île de Wadi Gemal rien en vue. Dans l'autre monde du café internet le spécialiste se cramponne à la connexion, à force de combines des signes venus d'ailleurs précipitent son ordinateur et notre curiosité. Freedom, le voilier Irlandais de Tracy et Larry avec lesquels nous fûmes victimes d'un retournement de chaloupe en zinc et en verre lors d'une pêche au comptoir d'un bar à Chypre, annonce son entrée en mer Rouge avec l'automne. Heinz et Ollie se sont échoués sur le corail de la Baie Malsaine, il y ont perdu leur gouvernail puis ont été remorqués vers le nord. C'est navrant. Un voilier en acier de quinze mètres avec autant de tonnes ça sonne solide quand même ! Et non ! Un écueil et crac ! Le voyage se déchire.
Sur ces côtes basses et vaporeuses les amers sont difficilement observables, plus encore ils s'identifient à ce qui reste d'épaves. Lors des navigations d'antan il n'y avait d'autre moyen pour se situer que l'estime, le relevé magnétique, la sonde ou le sextant quant à la manière de voguer

du marin prémoderne pourvu que le temps fût beau, la visibilité honnête et que le géomètre eût du talent. Les rares plaisanciers parcourant cette mer pratiquaient la route du large les éloignant des rives, ne touchant que les grands havres, en quelques 10 ou 20 jours vers le Sud ou plusieurs semaines de route au Nord ils naviguaient en relative sécurité. Aujourd'hui l'évolution électronique, les aides à la navigation tel le positionnement par satellite, engendrent la facilité à se situer sur les cartes, lorsqu'elles sont justes.

Beaucoup de voyageurs passèrent là jusqu'au renouveau du piratage dans le golfe d'Aden, la majorité y trouvant un raccourci vers la Méditerranée, effaçant du même coup le Cap de Bonne Esperance bousculé par des mers extravagantes. Naviguant en groupe ils évitaient la communication avec les riverains, car trop méfiants d'une culture différente. 200 voiliers parcoururent chaque année la mer Rouge, plusieurs s'y blessant, certains s'y perdant pour cause de cartographie imprécise, de balisage inexistant ou de coups de vent soudains. Dans son ouvrage Félix Normen écrit que c'est une mer sur laquelle on risque de perdre son sens marin si l'on y passe du temps à des conditions météorologiques constantes. C'est une analyse lucide, et les renverses météo soudaines, les vents forts, rappellent qu'il faut être attentionné à anticiper au sein de ces eaux sauvages si bien accordées au voyage en voilier.

Oumâ le sait, pour cause. Je me souviens de jolies de brises de Nord, de mouillages douillets au bord de plages pour mieux débarquer, puis d'une nuit qui se tourna vers le Sud-ouest à 35 nœuds, mettant du poivre dans notre sel. Coque couchée sur le sable au milieu des têtes de corail, il fallu réagir vite pour sortir de là à l'arrachée tant que le vent rentrait, envoyer le génois bordé à bloc et soutenu du moteur après avoir placé fissa les poids sous le vent. C'est aussi à coups de pieds dans les fesses que l'on s'éduque.
Tossimoh fera route à nouveau après avoir causé à son safran de ses grosses mains d'ouvrier de la vallée du Rhin.

Á se brûler les ailes

Le petit âne gris repart chercher de l'eau. Á une encablure d'une marmaille de barques, Lis Estrambord, Oumâ et El Soustra, avec Marie et Patrice à bord, se préparent. Etagères bourrées de légumes, fruits déposés dans les filets, cuves pleines. Bonne brise d'Est agitant la mer, allure bon plein puis travers, les voiles rouges ou blanches se poursuivent, se considèrent, les coques soufflent l'écume, se croisent, appliquées à ne pas couper les lignes de pêche qui scintillent au-dessus des sillages. Á midi tout le monde saute dans les shorts, à marsa Cheikh Ibrahim s'est installé un camp de pêcheurs dont les barques sont retournées sur le sable près d'une ruine suspendue à un filet de fumée noire, distante des moustiques de la mangrove. Le jour revient allumer les tissus boubou du carré, le lagon s'allume. Les petits bandits aux ailes musicales qui nous ont sucé le sang ont intérêt à déguerpir.

Tenues de plongée fraise caoutchoutée pour fondre dans la passe d'entrée, vingt mètres de menthe à l'eau. L'élastique du masque tire un peu les cheveux sur la nuque, mais ce n'est que bricole en regard de ce qui se passe devant. Un banc de labres géants, vert pastel et noir, promène ses bosses frontales proéminentes, ils arrivent sur nous une moue à leurs lèvres énormes. Ces poissons, peu farouches, extrêmement placides et curieux, se déplacent plutôt en solitaire, c'est une aubaine d'en voir autant réunis. Deux mètres du bout des lèvres à la pointe de la nageoire caudale et le masque est rempli ! Communément nommés empereurs, ou napoléons, dû à cette bosse adulte qu'une académie anthropomorphique crut bon d'associer à ses grandes défaites, ils sont, contrairement à leur homonyme qui soit dit en passant devait sentir le hareng au long d'incertaines campagnes, ils sont indulgents à une approche et pas méchants du tout. Sous les îles Maldives j'ai vu Cédric danser avec l'un de ces patriarches, lui caresser tendrement les joues et je me demande encore aujourd'hui lequel des deux a le plus désiré ce contact. Á vive allure des éclairs argentés touchent notre groupe en état de grâce. Les carangues à filament nagent en vibrant nerveusement, ondulant une longue antenne souple à la pointe de leur dorsale, frôlant nos corps. Plates, très hautes, elles défilent en banc à portée de main, suivies de leurs groupies les carangues bleues accourues aux côtés de petites sœurs étoilées qui se demandent en frétillant à quoi donc s'intéressent leurs idoles. Fiévreuse, la Folle du Logis installée à sa fenêtre guette l'ombre du néant bleuté, mais aucun squale à l'œil froid ne viendra la faire frissonner.

Le ciel promet quelques lourds ennuis à teint cireux qui déjà s'emparent du soleil. Nous connaissons cette prémonition, néanmoins la prédiction semble dire que ça lambine, alors en route pour Shab el Shubuck, chenal profond de cinq à dix mètres, cabotage entre îles, madrépores et hauts fonds pointillés sur dix milles nautiques. La visibilité hésitante incite à de justes mesures. Patrice appelle à la radio, certain que nous faisons erreur, trop au large pour trouver l'entrée. Bing ! Á l'instant sa quille heurte une patate tombée du plateau de corail, en tous cas ce n'est pas le moment de se distraire, concentrés à fond sur le pilotage, cent pour cent. Je reconnais l'alignement d'accès alors que Oumâ est déjà dans le passage, un mamelon de sable à dix mètres sur bâbord donne le change au platier à dix mètres sur tribord, les remous générés par un fort courant poussent à dériver. Je sens arriver le messager aérien du Haboob, une épissure fraiche, puis brûlante comme un fouet pour la fessée. Les

voiliers s'inclinent sous la première taloche puis déguerpissent en vitesse avant de virer vers l'Est, laissant porter les focs.
Le vent monte et le ciel descend. Moi aussi. Allers-retours entre le perchoir et le pont, les lignes sont prestement ramenées, pas le temps de tout relever, l'hameçon sautille à trois mètres du tableau où une carangue étoilée grassouillette, bien trop goulue, l'attrape. Il faut lui indiquer le chemin qui mène à la casserole avant de regrimper au mât avec un plan dessiné au premier voyage, fouiller des yeux ce qui reste d'horizon. Dominique à la gouverne comme au compas, agitation physique et cérébrale somme toute soutenues.
Le clan qui suit trouvant le temps long ou le rythme lent, commence à coller avec la nette intention de déborder Oumâ, devant tout est clair si l'on peut jaser ainsi à la vue d'îlots sablons coiffés de cairns d'un blanc innocent qu'il est tentant de laisser à tribord en les admirant. Aaahh, voilà une belle couche chantée par une sirène à des amants qui s'y perdraient… Mieux vaut négocier un S entre les marques, même à regret, en surveillant l'écho sondeur qui renvoie des nouvelles inquiétantes. Coup d'œil sur l'arrière, les écoutes des poursuivants filent dans les poulies, debout sur les freins, grand coup de barre, en travers. On s'y attendait pour l'avoir jadis mérité, on en rigole, ça ne fait pas de mal dans cette ambiance assez tendue. Sur bâbord passe un mille de charmes, l'Île Longue est une terre peuplée de flamands roses mais la mer bouleverse le mouillage. Nous continuons dans la boucaille sur Trinkitat cachée aux vagues de Suroît. L'accueil triomphal par une plate en aluminium ruiné est inattendu. Ce ne sont ni des mirontoniers, ni des mytiliculteurs… ce sont des militairatifs. Ça faisait bien longtemps ! Contrôle rapide et poli, interdiction de débarquer, encore un rivage repeint de kaki. Au bout de quelques échanges assez déclamatoires notre présence est tolérée pour la nuit. Á la première éclaircie nous reprenons la mer comme des déserteurs. Malheureusement, l'appréciation météorologique hâtive s'avère totalement erronée. Á peine les grands-voiles sont elles étarquées que de violentes bourrasques nous tombent sur le poil, ce sera l'un des pires temps subits en mer Rouge. Extrait du journal de bord : “Départ par petit temps puis très vite le Haboob s'installe de SO à O violent, mer forte brisant par le travers avant puis par le travers, voilure arisée,

moyenne élevée sur le fond, visibilité extrêmement réduite." Quarante milles à brusquer, en avant les biquets, courons les belles forêts comme des loups ! La mer déferle, pourtant la côte au vent n'est pas éloignée, le chaos doit être sévère sur le large. Les bateaux sont purgés du sable et de la boue accumulés, ce bougre de temps ne s'améliore pas, il forcit. Ça roule dur, les vagues montent sur les pavois, les pavillons se délabrent en claquant comme des damnés dans les haubans des voiliers qui naviguent rapprochés car ils sont à bien tenir un cap avec le minimum de dérive pour ne pas avoir à tirer un autre bord face à cette furie. Je barre au mieux près de Dominique prête au moindre réglage. Du cockpit cerné de fracas nous voyons les lames exploser contre le flanc de Lis Estrambord, masquant le bateau d'embruns jusqu'au deuxième étage de barres de flèches tout de même situées à 12 mètres au dessus des flots ! El Soustra disparaît entre les masses liquides, guère mieux lotis que nous, forts coups de gîtes au logis, humidité à volonté, du beau temps pour les albatros.
L'entrée du lagon pointe comme un croc, nous approchons tandis que vent et mer y ragent, emportant d'interminables traînées à leurs trousses. C'est à ce genre d'humeur, lorsqu'on a envie de se glisser hâtivement dans un abri, que les misères arriveraient. Oumâ est ralenti pour un point précis, comme une bête flaire un danger il veut passer sans se faire piéger, choisir sa piste.

Dom et moi avons en nous ces lieux autrefois fréquentés, mais aujourd'hui le paysage est enroulé dans sa tourmente, sa lecture est difficile. Nous remettons en route lente. Dans l'arbre (décidément je vais finir par nidifier) c'est du beethovent, je suis assis sur la baguette du chef d'orchestre cramponné à mort pour ne pas m'envoler avec les sternes. Sous des tornades d'écumes les voiliers progressent au moteur, conservant un bout de grand-voile au cas où celui ci faillirait, l'étrave enfourne diablement; on a mis nos cirés en Mer Rouge cet été ! Dans la vaste baie la mer creuse toujours. Fouineurs, nous flairons l'air troublé lorsqu'une île fantôme se dévoile un court instant, la timonière vire en grand pour me faire redescendre; un plouf ! à peine audible dans le hurlement des éléments, la chaîne se tend à bloc à cent mètres sous le vent d'une plage, nous resterons là trois jours durant, petite caravane crépie de sable, lessivés de l'air chaud de Khor Nawarat, dernier abri à la côte du Soudan.

Dans le ciel une constellation qui parle du Sud monte lentement. Aux prémices d'un matin nouveau les voiliers pénètrent dans la baie Fauve, anse protégée de tout sauf du Chant du Monde. La monumentale porte des métamorphoses est encore ouverte sur ce Sud ensorcelé où nous retournons par le chemin des vents, une route où l'âme ne se sent plus en danger, où la destinée nous appartient. Où il convient de partager les jours avec la mer, les nuages, les roches et les oiseaux, avec la bienveillance de certaines rencontres.
Ce soir le petit renard des sables traverse à toute vitesse le plateau aride jusqu'à la langue de dunes que trempe la mer, après avoir reniflé le vent bavardeur il se désaltère longuement à la source fraîche et apaisante qui sourd du fond. Il lape au bruit familier d'un couple de grands hérons s'ébattant sur l'îlet dressé de leur nid. Les pattes graciles s'élèvent puis se posent lentement, les ailes se déploient, les cous balancent pour caresser, les longs becs jaunes claquent dans l'air tiède, dessinant sans cesse la même arabesque rauque. Les hérons dansent, l'un est parfaitement noir l'autre absolument blanc. Les raies Manta, diables à deux cornes qui canalisent le plancton, s'immobilisent le long du tombant, leurs ailes devenues distraites. Elles ouvrent la gueule où entrent et sortent des nuées de labres nettoyeurs, de crevettes affairées, c'est le moment du frisson, grattées, curées, remise proprettes par un toilettage qui manège autour, et dedans leurs vastes corps.

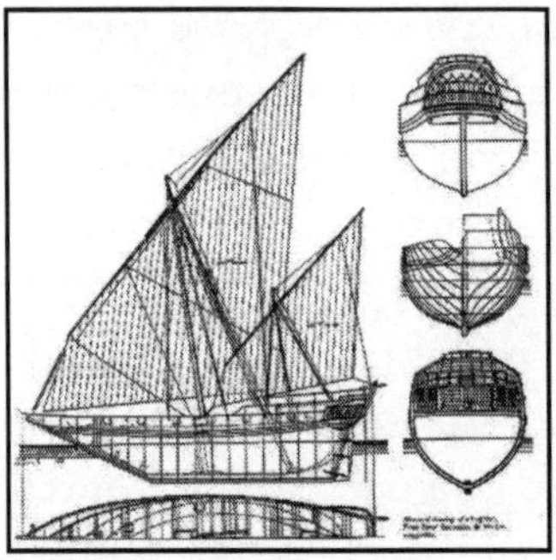

Baghlah, François Edmond Pâris , 1882

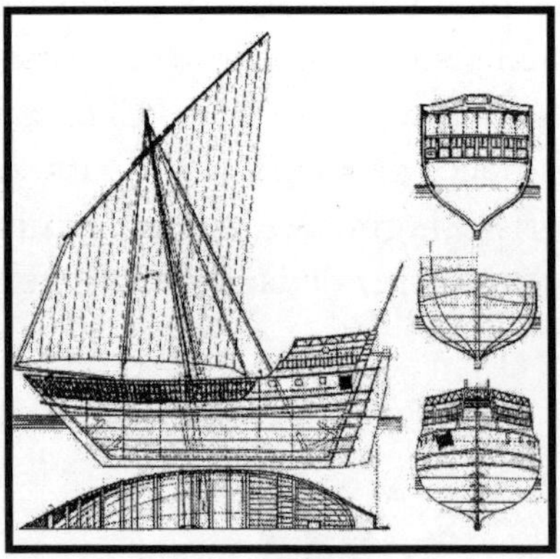

Cutch Dungiyah , François Edmond Pâris , 1882

Avril 89
Á bord du p'tit Oumâ

Le p'tit Oumâ vagabond avait deviné la providence de la baie Fauve, se tenant naïf et confiant sous la grande porte, la chance le tirant dans le voyage. Á Khor Nawarat nous avions décrété qu'il nous mènerait vers les rives de la Péninsule arabique, sur une mer encore légendaire, souvent interdite. Á ces saisons aucun ouvrage relié ne racontait les accès, les mouillages, les faveurs ou les amertumes de ces lieux, les voiliers en quête usant du peu de cartes marines disponibles, pêchant des lanternes là où ils pensaient les trouver, les instructions nautiques dédiées à la navigation en général, ou au commerce, étant inaptes à un sentiment d'exploration. De ce fait un échange de nouvelles aussi précieuses que le vent s'établit à Suez et à Aden.

Un voilier arrivant dans l'un de ces ports, avait une chance d'en croiser un autre, la malle à trésors pleine. Il pouvait se procurer une poignée de perles, ces fiches annotées de découvertes, parfois d'un croquis, que l'on troquait généreusement. La condition de confiance voulait qu'elles ne s'éloignent jamais de leur mer qui cultivait leur jeunesse, et chacune avait son caractère.

Au tintement clair d'une casbah de pêcheurs gribouillée sur papier quadrillé, nous mettons le cap au Levant. En préambule le petit navire nous donna une grosse émotion, allant se coucher sur le sable sous un coup de Sud-Ouest nuitard, fêtant historiquement l'anniversaire de Dom. Avions nous oublié le sien qu'il fasse une crise de jalousie à se rouler par terre ? Que nenni ! Lui aussi était ivre à trop boire de vent du Nord, voilà tout. La veille de quitter Khor Nawarat un carrousel inattendu se met à tourner au bord du lagon, un cargo anonyme mouille le long de la côte dénuée où un va et vient d'embarcations fourmille durant la nuit. Dans nos jumelles indiscrètes des caisses débarquent pour des camions vite disparus. L'apparition inopinée d'une barge à l'équipage inquisiteur et muet cerclant autour des deux voiliers est concluante : des armes silencieuses pénètrent vers une guérilla.

Le routier grande échelle est sur la table, ouvert à des promesses, encouragé du crayon, de la gomme et du compas à pointes sèches. Toï et Oumâ embarquent leur mouillage, puis se quittent devant les îles Haidugah.

Un lointain bord pour l'Arabie, noué à un autre sur la Croix du Sud, le long d'un vent léger avec lequel il faut s'entendre pour naviguer, il ne reste que quelques litres de gas-oil à épargner pour les atterrages. Des soupirs dissipés laissent battre les voiles, nous dérivons au milieu de soleils, de vies marines pressenties de silences ou de cliquetis, la mer exhale des souffles profonds parfois frappée du bouillonnement des dauphins noctambules fusant d'immenses panaches luminescents de plancton, étoiles éclatées aux ciels marins. Ce matin dans un air toujours ténu nous croisons une jolie mouette à tête noire occupée à sa toilette. Debout sur une miette de planche elle étire le cou et pousse un cri strident vers le petit bateau pour dire qu'elle est ravie d'être ici et qu'aujourd'hui il fait vraiment beau.

Dans la nuit claire d'un dernier bord du large nous devinons un cône sur notre route après cinq journées lentes et heureuses. Jazirat Al Taïr, l'île de l'aigle, attend, citadelle dans l'air calme d'une nuit bleu sel. L'aube et le mouillage approchent. L'aurore incendie ses flancs puis touche les rives déchirées de scories noires, les vieilles laves brisées découvrent le choix d'une encoignure favorable à l'atterrage, la brise s'étire à peine mais le courant à vite fait de raidir la chaîne dans un bruit de raclements retentissant jusqu'à fond de cale. Le voilier s'accroche sur d'anciennes roches, un peu rouleur, lorsque le marchand de sable vient nous bercer de sa légèreté vagabonde.

Débarquement acrobatique sur le volcan rugueux. L'annexe dandine au bout de son câblot grappiné, amarrée à un cordage tourné à terre pour la rappeler. Au milieu d'un labyrinthe de blocs alvéolés de rouge et de noir pétrifiés nous débouchons, non pas une bouteille de la treille car il y a des sillons que l'on n'y pense plus, nous débouchons sur un plateau garni de roches lie de vin.

Le sautillement serpentin mène à une ruine au dessus d'une plage minuscule, insoupçonnable, un terrier où est dissimulée une barque. De la bâtisse délabrée sort un personnage lançant un signe de sa main, puis il s'estompe par une brèche. La brise entre dans une pièce ouverte sur le ciel où, sur un tapis aux couleurs fanées, palabre un groupe d'hommes vêtus de pantalons ficelés et tee-shirt râpés, le plus éminent porte la djellaba et le chèche, assis en tailleur au milieu des volutes de la chicha qu'il fume à un tuyau décoré or et grenat.

- Salam Aleïkum, Que la paix soit sur vous.

- Aleïkum Salam.

Usages de rigueur avant d'engager la conversation avec cet équipage accroché à l'île. Des verres brodés d'entrelacs multicolores sont remplis d'un breuvage brun aspiré bruyamment, le lait, brûlant, mélangé au gingembre, irradie et dynamise, cet élixir est un sésame, immuable préliminaire préposé aux rencontres.

Nous évoquons le voyage, l'arrivée à l'île, la route prochaine. Les hochements de têtes, comme l'éclat de leurs yeux, disent la rémanence de ce chemin. Tout se tait. Au verre suivant ils nous racontent l'île, espace que nous partageons, le temps n'a plus d'importance, mais à l'intuition

d'une coïncidence je demande ce qu'ils font ici, absents de la mer en ce moment si belle.
Venus du Yémen ils iront pêcher en Erythrée, Inch Allah, pourtant ils semblent attendre quelque chose, quelqu'un peut être.
Dans un anglais approximatif, un matelot efflanqué se jette enfin sur la cause en annonçant :

- Nombair thalateen motor !

Le chiffre treize, rien n'évoque la superstition, fatalement ils ont des ennuis mécaniques. Débordants de gestes trois marins se lèvent, proposant une visite à la barque.
L'hélice du moteur hors bord n'est plus sur l'arbre, nu comme une branche en hiver. Ça c'est chameau ! Un moteur sans hélice c'est comme une valise sans poignée, c'est couillon ! Le matelot efflanqué au charabia colorié plonge le bras dans un coffre pour en sortir un trèfle à trois feuilles, l'hélice, puis s'accroupit devant le moignon, lancé dans une gestuelle convaincante.

- Ihna fahmeem !

On a compris, l'écrou s'est fait la valise sans poignée.
Il faut retourner à bord de Oumâ chercher des outils et une astuce. Il a bien dit thalateen ? Á mon tour d'enfouir un bras dans un coffre qui trimballe de quoi soit réparer soit travailler aux escales quand le besoin pousse à remplir la bourse. Pièces, boulons, outillage jusqu'aux machines à coudre calées dans les rouleaux de toile à voile, mais les écrous de 13 c'est pour des anglais compliqués, voire emmerdants. Á la main je tiens un sachet, dedans une musique joue une gamme impaire, j'entends même du treize. Punaise, le bol ! J'avais récupéré ça sachant que l'on irait se compliquer un peu la vie dans des îles trop Commonwealth où même nos chats comme notre chien ne sont pas aux normes.
Les pêcheurs se retrouvent sur leur trente neuf avec trois écrous nantis de goupilles, un choc moral qui les porte à un entrain bruyant, alors nous percevons l'étonnante providence des voyages.
Finalement ceux qui croient que le 13 n'apporte pas le bonheur se trompent énormément.
L'arbre retrouve son printemps.

Avec Dom nous grimpons au sommet du volcan sous une chaleur éprouvante. De la cime rongée, des fumerolles jaunies s'échappent, une forte odeur de soufre emplit l'air sec autour du vieux phare d'Italie coloniale qui a cessé de faire de l'œil aux marins, nostalgique au milieu d'un champ de batteries vides il se fait musée ouvert à qui veut y monter. La vue est magnifique, c'est peu dire.
Gigantesque anneau de brume chaude et blanche cernant l'iris bleu de la mer. La pupille du volcan, d'une immobilité totale, est magnétique. La beauté rayonne dans l'espace, nous respirons une paix immense, absents dans l'azur.

Longtemps après nous être envolés nous extirpons difficilement nos têtes de celle de l'Aigle pour rejoindre le sentier de cailloutis roulant sous nos semelles, alors la soif nous saute à la gorge. Au détour d'un lacet, le matelot efflanqué au caleçon ficelé surgit en pleine course, tenant ferme une vieille bouilloire pleine d'eau fraîche. Les prodiges ça existe ! Il nous réhydrate lentement, les papillons qui dansaient dans l'air se dispersent, nous continuons tous les trois, un lait chaud au gingembre finira de nous ramener.

Décision est prise d'une baignade ensemble. Equipée de masques que le voilier transporte dans sa huche, la volée se jette dans la mer et barbote. Soudain un épouvantable cri qui glace sort de la bouche d'un matelot, qui regarde à nouveau sous l'eau pour redoubler d'appels stridents, c'est la première fois qu'il plonge avec un tel attirail collé aux yeux. Les masques circulent de bobines en trombines, des hurlements ponctués de hoquets salés animent la fête aquatique, c'est que sous nos orteils il y a de quoi impressionner un aboulique. D'énormes requins marteaux, des makos et des barracudas monstres vadrouillent parmi les corolles de poissons éclatants autour de roches crachées par le volcan, la beauté est inquiétante, on soupçonne qu'ici l'homme n'est pas souverain.
Sur la mer Rouge, tranquille, une lueur fantasque danse dans la ruine, projetant des processions d'esquisses imaginaires farouches et fécondes, des contes d'enfance et d'Orient drôlement bien emmêlés à notre bouquet citoyen de l'île de l'Aigle.

Après un frugal repas en compagnie de nos hôtes nous repartons pagayer dans la nuit, croisant des bruits brusques, des sons de terre ou d'eau qui résonnent jusque dans notre sommeil.
Lorsque le soleil revient ils sont déjà en route. Nous relevons l'ancre cap au Sud-Est vers l'île Kamaran. Jazirat Jab Al Taïr s'enfonce, puis disparaît dans ses limbes.
Le vent mieux établi nous en prenons à pleines voiles sur une eau un peu agitée. Aux Bancs Farasan - Portes de Nacre - vaste labyrinthe de corail et d'îles basses paquetés de hauts fonds, il suffirait de choisir sa couleur pour entrer dans un arc en ciel. Haut lieu de récolte d'huîtres perlières les Farasan du Nord s'éparpillent en bordure de la côte Saoudienne défendant désormais leur tranquillité de la recommandation de s'y trouver dans la plus grande discrétion car elles écopent de barrières floues plantées entre tolérance et interdiction. Et dans le ciel notre mât crie haut et fort.
Kamaran surgit droit devant, sa pointe dégrafée de la péninsule laisse la mer inonder une passe. Á bord l'ambiance est joyeuse à portée d'un avitaillement en eau et nourriture fraîche, nous pénétrons dans le lagon à la voile, passant d'une onde qui tend au violet pour un bain turquoise. La route remonte au Nord sur cinq milles, à un ancrage près de maisons du bord de mer. Nous barrons à choisir les meilleures sondes, vue superbe, grand soleil, des insulaires minuscules courent sur la plage comme des sémaphores. Nous répondons lorsque un claquement heurte l'air. Souvent les gens se promènent armés dans ces régions éternellement guerrières… de là à une Fantasia pour l'accueil…
Peau de rascasse, c'est du bidasse ! Á la jumelle nous les voyons, surexcités, se ruer dans une barque, une autre rafale éclate, il vaut mieux affaler pour ne pas aller nous rhabiller chez Gruyère. Nous nous sommes jetés dans un piège, trop tard pour faire demi-tour.

Durement les militaires abordent le p'tit Oumâ, grimpent sur le pont, criant des ordres auxquels nous ne comprenons que dalle. Il faut rester calme, fluidifier ce contact brutal. Au bénéfice de nos aventures nous avons déjà eu à affronter des moments difficiles, on est assez blindés. Les instants suivants sont des scènes de fouilles extravagantes. Je file à

l'avant mouiller l'ancre sous la menace du symbole de la puissance imbécile, la Kalachnikov - il s'agirait d'un autre flingue j'écrirais la même chose – tandis qu'un lascar en fouta, bandeau ceint au front, sonne le bourdon à mes oreilles. Je me relève et lui allonge un 'Safi !' raccourci du ça suffit, efficace, simple à mémoriser. Il affiche sa déconvenue de n'avoir provoqué la crainte. Á l'intérieur du voilier, bonjour les dégâts. Un énervé secoue les appareils de la table à carte, criant 'Radio, radio !' Des paranoïaques de l'espionnage ! Je me fiche de sa bille, lui rigolant au nez malgré moi pour la bonne raison que de radio nous n'en avons pas à bord de notre vagabond. Il faut tenter d'établir un rapport qui équilibrera les rôles, sinon on va en baver.
Dom appelle sur le pont où l'agité au bandeau prépare une action percutante, tirant imprudemment la sangle libèrant l'air comprimé dans le radeau de survie; j'en ai marre de ce commando de mauvaise série de télé américaine, il se fait attraper par les épaules et balancer. Cachant ma peur derrière un mensonge je vois la fin absurde lorsqu'il plante le canon dans mon ventre. De l'arrière un ordre bref le calme. Á l'idée triste qu'un guerrier n'est plus un héros sans une arme, je prie l'animateur du groupe de venir à l'avant, nous voici à lire la bande dessinée du mode d'emploi collée sur le caisson du radeau, un moment d'apaisement irréel.
- Understand ? Mahfeen ? Capito ? Comprendo ?
Pas un mot, mais ils abandonnent. Le malin télécommandé devient mon pire ennemi.
En route au moteur sur décision du maestro, nous sommes dix à bord. Gonflés comme des poissons ballon prêts à piquer nous tenons bon, il semble que l'incident ne dérape pas, mais est ce que ça va durer ? La quille racle un fond de sable, le bateau et sa clientèle charter spéciale se plante, nous déplaçons sur un bord les grappes kaki pour gîter afin de retrouver l'eau saine, quand l'animateur décide que le bateau restera là, tout le monde débarque.
C'est vraiment mal connaître l'instinct de conservation des femmes. La révolte est imminente, l'aventurière, regard infaillible, met son veto, à ce point persuasive que personne ne trouve de quoi contester. L'un de nous deux restera à bord mais qui ? Il faut aller parlementer dans les sphères occultes, elle se dévoue à la garde du voilier, tenue à l'œil par deux gorilles

transpirants accrochés à leur arme comme à une bouée.
Je saute dans la barque en remorque puis quitte le bord à contrecœur, un 4X4 attend sur la plage, mes tripoteurs de gâchettes ne me lâchent plus d'une semelle. La piste caillouteuse grimpe dans des collines érodées sèches, plonge au versan d'un djebel, puis s'enfonce dans les terres du Yémen. Régulièrement un homme jaillit pour se placer sur le chemin en position de tir. Non d'un bédouin ça craint ! Pourparlers, redémarrages, jusqu'à ce que cette piste de rocs et de poussières s'estompe sur un plateau où sont dressées des tentes martiales aisément reconnaissables, elles sont toutes identiques sur la planète.
Terrain de camping sécurisé.
Médusé ! Mes nouveaux anges déchus fleurent à peine quinze ans, des gamins vêtus de treillis, l'arme lourde mal accordée à leur innocence, se donnent une allure d'hommes mauvais. Sous le soleil coriace je cherche un dialogue dans une langue possible, rien, mutisme total.

Grandissant, un convoi remonte la piste dans un nuage de poussière, arborant des drapeaux claquant comme un avertissement. Les portes d'opulentes voitures noires s'ouvrent à la volée, surgissent une douzaine de caïds drapés de robes immaculées ceintes de Dhumas – version magnifiée de la Jiambiya – glissées dans leurs fourreaux. L'impact est percutant, je retrouve une scène de Lawrence d'Arabie, version originale, sans effets spéciaux sinon sur moi.
Mise en scène impeccable au pas décidé d'un meneur à regard clair qui se dirige vers l'une des tentes en claquant deux doigts dans l'air. Mon bébé militaire, qui le sera sans doute du berceau à la tombe, me pousse à participer à la réunion.
Tout ça pour moi ! Si mon papa me voyait entouré d'autant d'intérêt il serait fier ! Quoique un peu inquiet. Je ne ressens pourtant pas d'angoisse. Devant les tables disposées en demi cercle, on me place au centre avec vue privilégiée vers l'auditoire. Je vais tout de même faire attention à ce que je dis, les interprétations étant variables d'une culture à l'autre.
Enfin quelqu'un qui parle, l'échange se fera en anglais.
Dès la première question j'ouvre mon sac à voile, déversant de la mer et

du vent qui s'en vont narrer notre voyage, l'écoute est silencieuse. Pour l'Orient où l'on aime les contes, je dessine un itinéraire décoré de 'cap au 125, routes au Sud-Est', les interrogations pleuvent, pas de soucis tous mes souvenirs sont là. La dernière énigme est à mon goût suffisamment délicate pour alerter la prudence. Grand chef sollicite mon opinion à propos de l'Etat d'Israël, le lascar est redoutable et en tout bien tout honneur je brûle de lui demander, est-il possible d'arriver si haut gradé sans taches ni scrupules ? Comme j'ai envie de retrouver Dom sur le bateau, je me retiens et réponds n'être jamais allé dans ce pays, ce qui est ma foi vrai. Aussitôt il se lance dans une violente diatribe politicienne dévastatrice qui va durer comme on inculque une idéologie, il crie, tape du poing, menace du doigt et du verbe, hurle, retrouve son calme, puis recommence le cycle interrogatoire.
Tu m'agaces Boniface, mais je resterai serein.
Subitement le cacique se lève, lâche des mots qui m'échappent, claque deux doigts. Les caïds regagnent les voitures, disparaissant en trombe.

Dis donc la sortie ! L'aigle tutélaire de Jabal Al Taïr nous protège, car en l'espace de ce claquement tout change. Le soleil se couche derrière les collines, les soldats lâchent leur arme, un enfant prend ma main pour m'entrainer vers la cantine, décoiffé de son béret il rit. La troupe me presse, bras chargés de plats cuisinés et de Fanta orange, les questions, plus agréablement formulées, tombent en avalanches, soufflant la tension. Je mange, j'ai grand faim, on m'empiffre de couscous comme une autruche trop maigre, de galettes de blé baignant dans du beurre fondu, on me gave, priant de tout finir. Enfin je serre des mains à n'en plus finir, observant ces sourires d'enfants, si naïfs de leur déguisement. La nuit m'emporte dans un gros 4X4 cahotant durement sous les étoiles du Yémen, vers nos diables sentinelles tout aussi soudainement éjectés de la nuit. Mon souci est de retrouver la silhouette du voilier cabotin sur une mer sans lune, peu éclaircie. Sondant l'espace je devine notre feu de mouillage dans les étoiles, la nette sensation que Dom envoie un message, disant ' Tout va bien '. On m'indique une embarcation dont le gros hors bord va déchirer le silence, tandis qu'à la pointe de l'étrave s'assied en tailleur un vieillard à barbe de Neptune, son turban rouge vif enroulé sur le crâne, sa fouta amarante ceinturée. Á fond de gamelles sur le lagon, le barreur lie ses reflexes au vieil homme qui lève un bras pour indiquer les passes. La surface de la mer est aveugle, ces types sont gonflés, près du corail ils naviguent trop vite. Le mi-homme mi-triton, calme, est sûr de ses gestes, il ne lui manque que la conque marine pour célébrer son chant de mer.

P'tit Oumâ surgit de la nuit, la barque aborde. Dom et moi sommes émus de nous retrouver au milieu de cet écheveau, elle va bien. Moujik ne montre pas de nervosité, mieux attiré par son bol d'eau. Des sacs de nourriture et des fûts de gas-oil vont être embarqués, puis le vieux Nakhuda va reprendre son hymne. Sur le pont du voilier je l'observe, il le sent. Sans me regarder il prend mon bras d'une main tandis qu'il veille aux préparatifs. La main à la peau flétrie et brûlée, apaise soudain mon esprit, m'insuffle l'énergie rassurante. Son visage, définitivement tranquille, semble indestructible, les yeux un peu vitreux sont deux perles noires dans de l'écume, ils observent sans relâche l'idée de l'instant, jamais ne se tournent sur quelqu'un. L'attitude se remarque chez les peuples indigènes cultivés de l'esprit de nature, les codes régissant les échanges : un être de savoir observe avec d'autres sens, avec sa conscience.
Ici se superpose l'essai de l'ethnologue Barbara Glowszweski (Rêves en colère) qui y voit la relation au monde animal auquel nous appartenons, tout comme à celui végétal, il ferait bon de s'en souvenir plus souvent. Poser le regard sur un être vivant est lié à une provocation ou à une demande forte tenant de l'instinct de la chasse.
Le vieil homme file à l'avant sur ses maigres jambes arquées.

En route lente. La quille rasant le sable nous découvrons enfin, à la nuit, le quai de l'île Kamaran où débarque la secte guerrière. Sonnés, nous nous réappropriions le bateau. Le tintement si clair à l'évocation d'une casbah de pêcheur a mué en tocsin, dans le carré nous dévidons ce méli-mélo rocambolesque. Dom a passé la matinée dans le cockpit debout sous le soleil, ses deux ordonnances suant des fontaines auréolées sans démordre de leur rôle. Elle trouva prétexte à faire évoluer cette situation

pénible d'hommes occupés à jouer avec des culasses de fusils : une envie de faire pipi, puis du thé proposé, poliment refusé, le ramadan en cours régissant l'abstinence. Remontée sur le pont avec un magazine imageant la faune africaine, des éléphants, des lions et des gazelles se mirent à rugir, puis à bondir dans la tête des guerriers, alors tous trois profitèrent d'un moment d'oubli, échangeant du vocabulaire franco-yéménite, traversant brousses et savanes, fusils abandonnés, démodés. Elle réussit même à les faire descendre à l'ombre du carré, ce fut là un acte révolutionnaire, car ils reniaient franchement les ordres. Lancés dans la préparation du repas du soir les déserteurs se portèrent volontaires pour éplucher les oignons, pleurant comme des madeleines.
Mais le vent tourna. Le capitaine revenu pour une visite galante, enguirlande les bougres qui se ruent dehors pour attraper leur méchant jouet. Et puisque je vous disais qu'il ne faut pas douter de l'instinct féminin, la matelote avait pris soin de relever discrètement des amers à terre pour situer la passe en prévision d'une escapade, précaution utile au cas où les affaires tourneraient de travers ou si je ne revenais pas, une bonne sauce mode sédative effacerait deux ou trois acteurs de la scène. Nous imaginions leur têtes évaporées se réveillant à la dérive dans l'annexe, quand nos extrapolations s'interrompent à un bruit de pas sur le pont.
Le temps de salutations trois personnages sont déjà assis dans le carré, gras à souhait, la joue déformée d'une mastication exagérée, un quatrième, maigre et ambigu, à la peau claire de l'européen, est là en tant qu'interprète, parlant un français impeccable. Bien reçu, la politique internationale est à la hauteur de sa réputation. C'est reparti pour une consultation cuisinière, ils veulent tout connaître du parcours qui nous fait échoir ici.
Les cartes marines sont déballées, nos routes choisies, celles que nous ne voulons ni insignifiantes ni médiocres à notre amour pressant, y sont tracées à la pointe du crayon. Ça va les occuper un moment. Á leur air hésitant il semble douteux qu'ils en conçoivent l'étendue, l'étude mieux attirée par les pays voisins, ils mesurent l'immense Afrique et le moyen Orient de l'index, enfouissant des feuilles de Qat contre des gencives surchargée, broutant - c'est le terme officiel - ces bottes récoltées du

Yémen à l'Abyssinie. Abondant aux étals, cette plante à substance alcaloïde attire ses acquéreurs en foule au rythme d'un rite socioculturel. Á chaque contrée sa coutume établie, whisky cola pour l'Amérique du nord, coca pour l'Amérique du sud, qat ou bétel pour l'Orient, cigare à Cuba, alcool pour l'Occident. Chez nous c'est pastis et vin rouge, personne n'y trouve à redire, à chacun son mentor, à chaque culture son terroir.
Le gros bonhomme, œil allumé, propose une belle botte végétale d'un vert acide pour trinquer, nous refusons courtoisement, choisissant de garder les idées affermies, on verra plus tard.
Les heures pesaient quand nous attrapâmes un fou rire contenu. Le sphinx réclame l'autorisation écrite de notre président (je lui mets un p de lapin), celle qui autorise à voyager hors de notre pays. Á pas feutrés je me dis que ça viendra aux mauvais jours si les déjantés accoutrés en petits chefs ne se ramassent pas de splendides coups de pieds au culte. Visiblement nous n'avons pas le même sens de la dévotion. Les formes sont mises pour une bonne entente, nous exhibons le document immatriculant le navire, décoré de photos, timbré, tamponné de moult signatures, vu son prix scandaleux il a intérêt de servir à quelque chose. Les députés, en pleine forme, apprécient pleinement le cocon, mais fatigués d'heures va-t'en-guerre nous suggérons d'aller dormir. Confus ils s'excusent vivement, puis nous quittent. Á l'instant, le semeur marche sur le pont, de son sac de sable aussi vaste que le ciel il nous assomme avant de le vider.

Si ça persiste nous allons régénérer ce bout de terre Île aux Apparitions. La surprise est de taille, une bonne dizaine de mètres, le haut du mât de Toï est planté de l'autre côté du quai. Le fil des jours de cette contrée est parfaitement épicé. Je grimpe à l'échelle métallique scellée à la pierre pour m'en aller vers le voilier de nos copains et me faire rabrouer par le gardien, une amère sensation de prison au cœur. Remonté par le mât je siffle un coup, Eric s'assied sur ses barres de flèches, nous entamons un dialogue aérien par dessus l'air ahuri de notre surveillant. Les retrouvailles sont dépitées, eux ont été attrapés au vol en même temps que nous dans l'Ouest de l'île aux surprises.

Le soleil du Yémen est à son four et nous à notre café lorsqu'un bruit mat heurte le passavant, un visage sourit par delà le mur. Suivant le cordon de son regard je découvre deux paquets de jus de fruits glacés près d'une cartouche de cigarettes au nom fumant de Kamaran. Une botte de qat suit, puis la tête disparaît. Tout au long de la journée, sucreries, jus frais ou tabac tombent du ciel, nous arrosant d'une pluie appétissante. Dans la soirée un autre mirage se matérialise.

- Captain, captain !

Quatre mètres au dessus de nos têtes un fastueux plateau d'argent ciselé entame une descente périlleuse, bravement soutenu par un équilibriste en robe blanche une main sur le barreau, l'autre en plein vol. Retenant son souffle à l'admiration de ce numéro de cirque aux amarres, le public applaudit l'exploit du voltigeur qui dévoile un splendide couscous royal à l'appontage… Aïe ! Une difficulté inattendue oblige à la participation des spectateurs, la scène, trop grande, ne peut franchir la porte des coulisses, le plateau coince dans la descente. Nous nous empressons de remplir quelques gamelles d'une montagne de viandes et légumes, s'en suit une partie de châteaux de semoule, et l'artiste s'évanouit dans l'air. Mais dans quel pays sommes nous ? Là où les mots, les personnages, arrivent en volant pour repartir vers nulle part ? Sommes-nous entrés au pays d'un zéphyr au charme mystérieux, agité de tourbillons, d'illusions? Le monde est léger, irréel, hélas, il a des barreaux.

Adonc, à la cinquième époque du soleil, fini de gazouiller. Les becs et les griffes s'allongent, un rugissement secoue Kamaran, nous grimpons à l'échelle magique, invincibles. D'un coup de badine le garde est transformé en passoire, au bout du quai un autre s'abrite des foudres à une guérite, elle est décapsulée à coups d'ouvre boîte à malice, alors de la voix vibrante de l'enchanteur nous prononçons le Sésame : « Wein al commandant ?». Ne souhaitant pas se voir transpercé de sabres au hasard d'une séance de l'homme découpé en morceaux, il hèle un chevalier endormi sur son tapis volant qui, âme du pays mystérieux, s'éclipse à son tour dans une tour en un tour de main.

La liberté retrouvée nous passons voir Eric et Dominique tentant leur chance au qat assis dans le cockpit. Je mâcherai ce condiment de corps et d'esprit à pouvoir d'insouciance, à l'amertume anesthésiante, ces moments seront aussi agréables que l'apaisement du bétel. On ne parle bien que de ce que l'on éprouve. Dom aura l'occasion de partager une réunion rituelle, invitée à Djibouti par un ami de rencontre, globe trotteur planétaire de retour d'expédition humanitaire chez les Pashtu au terme d'une caravane chamelière dans les montagnes afghanes.

Le Charme coutumier d'Orient opérant, surgit en fin d'après midi le délégué d'un ministère de la ville de Al Hoddeyda. Tenue européenne, dossier sous le bras, Monsieur Tarik, solide expérience de communication, diplômé de maîtrise de diffusion du langage et caparaçonné d'excellente éducation pour ceux qui aiment, est là, tout de même un tantinet porté sur la jambe légère, à tel point que j'en deviens transparent (je l'ai bien cherché). Il n'a d'yeux passionnés que pour Dom. Tant pis pour lui, elle va se l'emberlificoter au fil à soie, comme une araignée dit bonjour à une mouche, aussi exquise que dans la chanson. Lorsqu'il nous quitte le bonhomme est sérieusement amouraché, ça ne lui fera aucun mal, bien au contraire, j'en sais les émois.

Il promet pour le lendemain la liberté assortie d'eau douce, de nourriture et de gas-oil à volonté, noblement offerts. En comparaison à certaines conclusions d'hospitalité nous considérons la flèche bien ajustée, droit au cœur. L'Orient est une terre d'extrêmes où se pratiquent des usages d'apparences contradictoires, au risque du voyageur de les froisser ou les ménager, sinon d'en comprendre le sens.

Jamais nous n'avons vu faillir l'hospitalité chez un Yéménite.

Lorsque à Djibouti, où les potins vont bon train, nous apprendrons qu'une forteresse politique s'est bâtie sur l'île Kamaran, nos questions en suspens prendront aussi un sens.

Le murmure de la mer. Á contourner Kamaran par le Nord pour virer vers une route à l'Ouest. Nous ne savons pas encore où nous irons nous remettre de ces émotions, mais nous sommes à un cap rassurant, celui du vent libre. Toï repart vivre son voyage plus au Sud, au fond de notre sac brille une nacre nommée Uqban, la brise clémente porte à son lagon étiré contre une île basse sablonneuse dont un bras de corail protège le mouillage. Du haut fond un gros mérou est hissé à bord, il a avalé le

leurre trainé dans le sillage, sitôt l'ancre mouillée nous préparons les filets en lanières à suspendre au gréement.
Le fond, si clair, provoque le reflexe de saupoudrer la mer du sable déposé sur le pont pour s'assurer de la présence d'une eau si cristalline. Curieux de voir quelle gourmandise ils suscitent les restes du poisson attendent sous l'annexe.

Equipé du seul masque la fraîcheur du lagon m'inonde de bien être, le fond est plutôt vif, son picotement revigore, apportant une énergie nouvelle qui libère des lassitudes. Une lisière d'herbes se balance lentement au rythme des courants, je remonte me saouler d'une goulée d'air dans un scintillement de perles, puis replonge sur le ballet brumeux de cheveux se courbant dans des bouffées de flux. Une ombre se déplace, furtive, jeu de teinte sur tâches obscures, aucune raison de fuir la quiétude, l'eau abrite toutes sortes de créatures ou d'imaginaires, mais dans ce lagon il n'y a qu'une larme de risque d'être agressé, le danger rôdant parfois sur les tombants extérieurs, ou aux grandes sondes. Détendu, des frissons de bulles dans la cervelle je me suspends à la poignée de l'annexe quand arrive une fusée rasant le fond. Un mérou phénoménal fonce sur la carcasse, ouvre une gueule géante, l'aspire en explosant des gerbes de sable, puis détale. Sa taille produit un choc, jamais vu d'aussi énorme à nos plongées.
Curieux de ce merle blanc je pars à sa recherche. Où brasillent les reflets brumeux une tâche immobile se dessine, massive, plus nette à l'approche. Ohé ! La vision est ébranlante ! Un couple de mérous Malabar blancs mouchetés de jets d'encre noire m'observe, la taille est bien celle annoncée, colossale. Deux éléphants de mer aux yeux rouleurs, la bouche lippue équipée de dents effilées signe le chasseur redoutable. Les nageoires, d'une taille de palmes, parlent d'une vitesse foudroyante.
En voilà un qui approche imperceptiblement, la distance est maintenue en reculant, pas de risque qu'il gobe un bonhomme, cependant l'ouverture de sa gueule crée une puissante aspiration et il n'est pas prévu qu'un pied ou qu'une main y entre par mégarde ou par amour. Les deux placides suivent mes allers retours sans se défaire de leur feinte, accueillant patiemment leur admirateur qui les soupçonne de l'envie

d'une nouvelle friandise. Je salue les dodus après en avoir fait le tour, les remerciant de l'emoi, puis les laisse à leur lune de sel.
Le gardien du feu décroche sa lanterne, son manteau rouge glisse à l'Ouest, laissant un crépuscule incendié pétillant d'étoiles. Un ronronnement de moteur grandit dans la passe, un contour indécis se déplace. Longeant notre bordé apparait un esquif pas plus large que les fesses de la silhouette qu'il porte, guère plus long que ses jambes, sortie du burnous une main s'occupe à barrer, l'autre s'élève pour saluer et l'esquif continue vers le fond du mouillage. Liés à la mer Rouge nous admettons et comprenons ces scènes préservées dans l'élégance d'une nature austère.
La nuit, une impression que l'eau envahit la couchette, de dormir les pieds chatouillés par le sable. Gratte, gratte, gratte…un babil de bestiole se balade sur la carène de notre sommeil. Gratte, gratte, gratte… recommence, insistant, rythmé. Gratte, gratte, gratte…devient un toc toc toc ! qui nous réveille. L'aube se lève, à l'arrière du voilier la silhouette, debout, tient un plat dans une main : deux carangues cuites parfumées, deux galettes de khubz – du pain – une pastèque, appliquée à ce que cela a d'importance pour lui. Encore dans les songes nous le remercions. D'un geste funambule il repousse sa plume, s'en retournant pêcher coiffé d'un salut. Nous l'avons tout de même prié de venir à bord s'il en ressent le besoin.
Les pélicans nichés sous les surplombs de la falaise ont l'œil pensif, les plages sont tièdes, le sol rocailleux, criblé de coquilles brisées, aiguillonne la peau, obligeant à des sautillements grimaçants et chouinards. Nous installons nos derrières près de la tourelle du feu qui avertit du Sud le l'île pour déguster le pique-nique, scrutant l'horizon, nous demandant si un jour nous aurons envie de sortir de ces contrées, inquiets à cette idée, les matelots ont minci, ils sont en pleine forme physique et morale. Au retour la cueillette de coquillages vides et de petits cailloux enrichit notre collection d'art nature, tandis que Moujik éclabousse sa robe à l'horizon, aboyant après les mouettes.
Zin est à bord, il parle. Depuis Mokha il a parcouru 150 milles – franchement il faut oser prendre la mer sur ce minuscule appareil – vend ou échange ses petits barracudas aux houris qui mouillent à l'île voisine.

Une boîte de lait en poudre, des vêtements pour ses enfants lorsqu'il les reverra dans un mois, de l'eau et des hameçons changent de mains. Á ses degrés solitaires Zin n'a de cesse de taquiner le poisson, soleil ou étoiles, il ne s'en plaint pas. Sur le bord d'une plage Zin lance son exhortation, voulant monter sa manière de gréer les lignes. Á l'ombre des roches, torse et jambes nus, sa condition ne ment pas, même rehaussée d'un turban roulé au sommet de son corps chétif; dynamique comme une souris des sables, extrêmement rapide et adroit, il tortille le filin d'acier, fixe le crochet, lie au fil nylon. Samack, samack ! Repète-t'il pour favoriser la chance. Poisson, poisson ! Jongle des orteils, des doigts et des dents, un écureuil pressé par l'hiver. Zin ressaute dans son petit creux pour repartir pêcher, sous un habituel salut.
Á nouveau réveillés par des bruits insolites et la gîte exagérée du bateau, nous montons sur le pont pour découvrir, agrippées aux filières, une quarantaine de mains sous une bordée d'yeux qui nous épluchent. Assis sur l'hiloire de roof nous distribuons les cigarettes 'Karaman' convoitées.
Ce banc de pêcheurs est arrivé sur les longues barques silencieuses coloriées comme des morceaux d'arc en ciel au bord du tombant.
Après neuf tours bleus dans cet univers, nous simulons mille excuses pour nous y éterniser, mais l'ile s'en va avec Zin son fidèle compagnon. Un départ a toujours quelque chose de triste, des nostalgies, des envies de retour.

Aux caprices de brises incertaines qui se noient dans l'espace, nous n'en finissons pas de régler les voiles usées, pas à pas le voilier se déhale dans son cercle en traînaillant. Quelle importance ? Le temps est devenu inconnu, p'tit Oumâ ramasse des bulles, personne n'est là à le réprimander. Cancre heureux titulaire de sa peau d'âne il a sauté par des fenêtres si grandes… Il manque de la matière à nos éducations cubiques, celle du Rêve. Passer un bac onirique avec un prof de rêves ! Des contes à rendre aux examens, vous imaginez ? Saint Âne protégez nous, emmenez nous sur les chemins de montagne, de mer, dans les forêts, sur les lacs ou dans les déserts, là où nous sommes vivants.
Des nuées dans le ciel, une teinte lisse et bleue signalent le volcan

Haycock. Fouillant partout depuis les cartes jusqu'à nos petits papiers, aucune trace de son signe originel. Quel nom étrange sur une mer d'Orient ! Où un long inventaire s'empare des îles de manière ramenarde comme si elles n'avaient qu'attendu l'arrivée de blancs pontifes pour être révélées à l'estime. Les signes aborigènes sont pourtant respectables à leurs terres. Enlevées à la poésie, devenues île du nombril, du moi m'admirant dans le miroir, île du heureusement que j'ai venu, caractères d'esprit jetés en vrac à l'égotisme dont l'appréciation associée la plus édifiante doit être le Mont Everest, ratatiné par une soit disant science, Chomolungma, Déesse Mère, envoie une aimable mousson d'hiver sur l'océan, mais arrive en Occident (je suis tenté de dire par accident) empaquetée d'arrogance et de chiffres.
Désormais lorsque se découvre l'un de ces malfaiteurs il est illico baptisé, geste dont il est friand, ' Qui pisse au vent se rince les dents '. Ca n'est pas propre, ça colle et c'est à pleurer.

Une myriade de roches égrenées au Nord de l'île mère précède le passage entre Jazirat Saba, île Reine, et Jazirat Zubayr. Le voilier s'installe au pied d'une coulée noire que domine un cratère. Sur le bord de la couronne corallienne de Saba est ancré un sloop dont le mât est inconnu à nos souvenirs, à l'Ouest du chenal repose une feluq.
Aux ancrages nous trouvons parfois une ou deux embarcations habillées de vent, rarement davantage. Les coureurs d'écume s'éparpillent, partageant leur vie avec ces places fortes ouvertes à la distance et à l'espace. Nomades, la ferveur accrochée aux sortilèges, ils savent sous quelle étoile trouver le refuge sidéral.
Á l'heure de croquer notre poisson la feluq relève son grappin, mouille à une portée plus messagère de Oumâ et vire une barquette qui rame sur nous d'une inhabituelle méfiance. Par nature les pêcheurs se découvrent plus audacieux pour la visite ou le troc. Deux marins d'allure distincte, le détail est singulier, un maintien sémite arrangé d'un chèche pour l'un, accompagné d'un homme à peau noire le visage scarifié où insistent des yeux en amande.
Tendant un bocal qui a visiblement beaucoup bourlingué, ils nous sollicitent craintivement.

- Roz ! Lance le marin au chèche, un bras tendu vers son bateau.
Portant le pouce dans le récipient nous y versons le riz fictif.
- Roz ?
- La, la !
Sur un air de refus il répond :
- Non, non !
Ils ont besoin d'huile, leur réserve n'osant prononcer ce mot qui ici vaut son pesant d'or. Un grand verre de jus d'olives est transvasé pour la cuisson. Le matelot africain, vigilant, tient un bidon suspendu au bout d'un doigt, il faut forcer la relation pour l'emplir d'eau. Nous ajoutons une bouteille qu'il attrape d'une affection marquée, ce avec quoi ils repartent, serrant un butin inespéré.
Notre provision de sel récolté aux assèchements de cuvettes rocheuses s'épuise, c'est l'occasion de troquer le sucre dont ils raffolent.
La silhouette de bois tient haut sa ligne de flottaison, révélant à l'évidence un bateau lège.
Debout sur le banc de notre annexe, nous empoignons le plat-bord de la feluq pour découvrir un équipage nous décortiquant à coups d'œillades aigües.
Des zaranigs ! Des pirates revenus de la route des sambuks ! Pas un ne ressemble à l'autre, le silence est planté sur le pont, et le tiroir dans lequel nous avons fourré le sel d'Arabie qui reste coincé ! Nous tirons dessus, gesticulons de mimes, à notre air perdu le chef de bande signifie d'embarquer.
Totale imprévue ! Je comprends pourquoi cette fine barque est empreinte de tant de légèreté, pas de glacière ni de poisson ouvert à sécher, pas plus de filets empilés, mais à l'arrière, deux gros moteurs hors-bord posés à plat contre l'angle du tableau.
- Samack ? Me suis-je risqué.
Nous baillons comme des coquilles vides sous leurs éclats de rires.
- Contreband ! S'esclaffe le trafiquant en roulant des consonnes.
Eternels contrebandiers de tradition, insaisissables dans leur intérêt de ne pas se voir couper une main, dissimulés le jour, volant au fond des nuits sombres. Une rencontre à part. Le nakhuda avoue traficoter le whisky comme la cigarette de Djibouti à l'Arabie Saoudite, jongle en

Arabe ou en Français, rie de plus belle, puis se met à jouer de l'accordéon avec des liasses de billets clandestins, un sacré paquet de billets récoltés sur les rives qui trempent leurs secrets dans la mer, un réel fantasme de banquier.
Hilare aussi l'équipage bigarré de sournois saoudiens, afars scarifiés, anguleux yéménites à carreaux rouges ou verts, et hercules soudanais les muscles houleux. Au jeu du chat et de la souris avec les gardes côtes, deux moteurs neufs sont toujours prêts à rapidement résoudre une panne en vue de sauver sa peau, au minimum sa main, à l'orée d'une interception malencontreuse.
Á l'époque où les voiles élevaient leur puissance en reines des mers, les zaranigsírataient sur leurs rapides zarougs, pillant les balourds au commerce chargés de coton, épices, café, gomme ou peaux, myrrhe et encens, débusquant quelquefois l'escarcelle de perles qu'ils espéraient.
Les zaranigs disparurent, sévèrement pourchassés par les colonies qui protégeaient - et protègent encore - leurs exclusives pilles massives.

Illusions ! De rapides barques naviguent toujours, pile sur la route lointaine et insoumise de leur destinée. La piraterie, aujourd'hui absente de mer Rouge à l'inverse de ragots que la lacune populaire colporte jusque dans des marinas coquettes trop cossues, reste active dans le golfe d'Aden et sur l'océan Indien soumis à de fréquentes attaques sur les cargos ou les voiliers.
Le long de pays où la survie est sensible, débrouille, habileté et traffic deviennent un luxe à haut hasard si un fonctionnaire en fait son cheval zélé, la tradition bouillonne, s'accommodant idéalement d'une connivence à la corruption, la stratégie préconisant de ne pas être pris la main au sac, une politique éprouvée qui s'accorde aussi idéalement à l'Occident.
Á l'heure où les âmes confluent aux foyers blanchis par les lampes à pétrole, ils s'envolent au ras des flots, oiseaux des mers étoilées, ne laissant échapper qu'un tintamarre soudain, aussitôt dissipé dans le silence.

❀

P'tit Ouma, îles Hanish, 1989

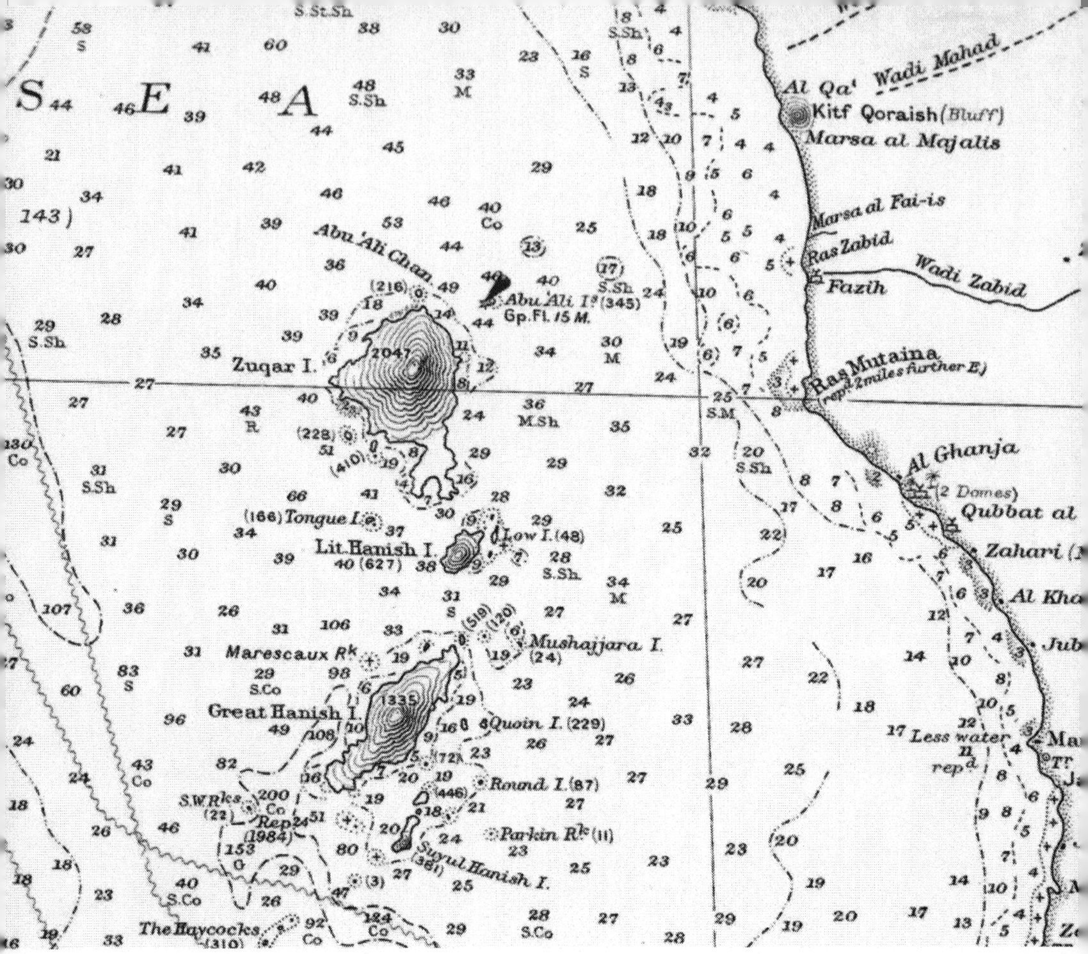

SEA
Abu Ali Chan.
Abu Ali Is (345)
Gp.Fl. 15 M.
Zuqar I.
Tongue I.
Lit. Hanish I.
Low I. (48)
Mushajjara I.
Marescaux Rk
Great Hanish I.
Quoin I. (229)
Round I. (87)
Parkin Rk (11)
Suyul Hanish I.
S.W. Rks.
The Haycocks
Al Qa'
Wadi Mahad
Kitf Qoraish (Bluff)
Marsa al Majalis
Marsa al Fai-is
Ras Zabid
Fazih
Wadi Zabid
Ras Mutaina
(repd 2 miles further E.)
Al Ghanja
(2 Domes)
Qubbat al
Zahari
Less water repd

Les royaumes de la déesse Ilat

L'aurore se lève. Avec elle les Iles Hanish s'illuminent d'une splendeur sauvage, surnaturelle, l'archipel se métamorphose au sublime époustouflant, les jardins de bronze se couvrent de roches oliveraies, de feux noirs inondés de cataractes d'opalescences sablées où le vent voltigeur invente des êtres féeriques. Au philtre des jours une déesse solaire verse ses charmes brûlants, consume les corps puis s'en prend aux âmes, souveraine de son royaume, sérieuse de sa magie. Le chemin a été long au rythme de notre lenteur, ce privilège nourricier dans lequel on trouve les clefs qui ouvrent aux découvertes. La mer turquoise monte doucement sur les falaises, la nacre des plages rayonne dans les soleils, une crête fume de centaines d'oiseaux ivres d'air et de lumière, le p'tit Oumâ s'est arrêté au pays des grands jours et des nuits sorcières. Le seul risque que nous courons est de ne plus avoir envie de retrouver le monde d'où nous venons. La vie est différente.

L'annexe hissée sur la plage nous pénétrons la grande Hanish Al Qubra plissée d'effondrements, de pics zébrés de buissons verts battus par les bourrasques. Un plateau sablonneux mouille ses grèves au corail. Au pied du sommet culminant, énorme soulèvement de cœur de la terre, nous grimpons sur des coulées d'anciens magmas crachés et des brisures alizarines poudrées de cailloutis neigeux piquetés de soufre. Dunes féeriques aux formes indomptées couchées sur la roche noire où glisse l'ombre des grands nuages. Les sabots d'antilopes ou de gazelles marquent les tendres nattes abritées aux creux, laissant en suspens l'empreinte d'une vie miraculeuse.

Errances, rêveries, rien n'importe que de se confier à l'île, larguer les amarres pour les vallons, les crêtes et les ciels. Á l'heure où les ombres entrent dans les corps, quand tout ce qui s'étirait s'élève, nous sommes sur le sommet, physiques inutiles, traversés par l'âme d'une Déesse orientale qui nous embrase. Envolés. J'aimerai tant y revenir en oiseau des îles sauvages.
Dressés sur le cairn, les derviches photographes font tourner le paysage dans leurs petites boites à déclics, Toï et Oumâ s'appliquent à la perspective de leurs souvenirs, Moujik se demande comment et quand il va pouvoir fourrer une langue aussi longue dans sa gueule.
Au soir, depuis les ponts, nous nous hâtons dans les étoiles ou dans les lunes, dans le cliquetis des musiques d'îles et dans les dessins phoniques.

Dessins phoniques

Á la crique éclairée de lune lumineuse ils arrivèrent en riant
Les chrysalides à nœud papillon
Les cerfs à hautbois
Les éléphants le nez en trompette
Les jongleurs de vieilles lunes
Un marin à pipe d'ambre fumante d'écume
Les nains et les nymphes
Les ours blancs gris fées des pays de glaçonnie
Don Quichotte des mers sur son hippocampe
Sinbad tenant un poisson sabre
Léonard un magnifique poisson à vingt scies
La naine Huphard reine tranquille
Les vents épissés
Les chats luthiers jouant de la tortue luth
Des espérances de vieux mondes
Portées par neuf muses en liberté
Une absinthe habillée de vert bouteille
Un roi mat et une reine blanche orientale
Echappés du jeu des cheikhs
L'ivresse des profondeurs enamourée du vertige des montagnes
Une oreille de mer musicale qui dit ouïe
Á une raie guitare à cordes vocales
Une licorne et un narval
Une cornemuse d'où sortent des muses à cornes
Un poulpe octopascal qui consomme du bar au mètre
Poséidon et sa mer
Un thon gars du pacifique et un thon bouc tout du Niger
Dix rêveurs en dériveur
Marco Polo appuyé à sa grande khâne de voyage
Morphée vêtu de feuilles de songes
Un refrain à disque lunaire

L'alchimiste et l'ange considérant les merveilles de la création
Museum hermeticum reformatum et amplificatum 1678

Au pelage ondulant une harde de tigres d'Euphrate
Vingt cinq milliards de créatures issues d'essais de création
Bien antan à la nôtre qui est cons venez-en ratée
Adam et Eve mangeant des papayes
Une barque de cygnes couverts de neige menés par Baudelaire
Des cochons dindes à plumes
Le grand calife Hourchon sur son âne au Mali
Des pirates à touille
Descendue sur un Grand Chariot Algieba constellée de la chevelure deBérénice ceinte de la Couronne Australe
Un banc de calmars écrivains des grands fonds avec plumes et encre
Des nuées de limbes
Ils s'installèrent sur les falaises et sur les roches, sur les eaux, dans les grottes, aux nids d'oiseaux, sur des lits d'algues illuminés de lanternes à plancton et de lampions à iode,
pour assister en leur honneur au concert d'eau en farfadet majeur et algues aux rythmes pour piano aqueux, violon court de marin, guitare seiche, contrebassecour de poules d'eaux, barython albacore, alto pollueurs, bathyfolies et saxofaune, orgue de barbarithon, flûte enchantée, clarinette pour canards en si magret et cymbale pour bal à fond marin.

Fin août 2001,
à bord du Grand Oumâ

Le JNF est ancré à la baie Fauve. Dans un concert de blatèrements des dizaines de dromadaires défilent sur la Nubie. Le temps d'un parfum de café échappé du capot, et nous filons un peu plus de chaine au nez et à la barbe naissante du voilier, sautons dans la prame, à souquer à la côte ! Les pêcheurs alaires tournent du bec par saccades, posés sur leur nid au bord de la piste caravanière qui va à l'Est; dans une dépression essaimée de tumulus apparaît le troupeau, deux centaines de camélidés à cris rauques incessants, gueule dressée, observant le désert, les grands mâles postés en gardiens impressionnent d'une bosse poilue penchée. Après les avoir contemplés nous marchons vers un groupe serré autour duquel des silhouettes s'occupent, l'odeur de musc et d'excréments est prégnante. Sorti de la forêt de pattes un bédouin apparaît, son regard exercé repère chaque mouvement. Pieds nus, en sarouel bleu, il scrute puis invite à le suivre au centre d'une corolle de cous beiges tendus sur des bassines de fer blanc où deux hommes d'ébène, poudrés de sable, se relèvent sans cesse, puisant au trou d'une eau grise que le maître du cheptel, assis sur ses talons, distribue en criant à voix ferme ininterrompue, balançant des coups de badine sur les museaux. Les bêtes gavées s'en vont, l'air outré, cédant la fontaine à d'autres, poussées par une femme aidée d'une adolescente et d'un garçonnet aux gestes plus doux. Habillées de pétales pourpres brodés de vert, le visage dissimulé sous un voile fin animé de géométries, les femmes ne montrent que leurs pieds, leurs mains ciselées de henné et leurs yeux lyriques sombres.

Le bédouin saisit la bouteille de citronnade que nous avons partagée pour aller la remplir au pis d'une femelle que tète un chamelon dégingandé, il la rend chaude de lait moussant. L'attention qu'il porte est grave et solennelle.
Les Rosheidas veillent à leur patrimoine domestique et à leur héritage culturel au rythme de puits rituels ou de sources devinées, leurs lieux sacrés.

Vers le pays qui n'existe pas

Longeant l'île Kalafiyya nous sommes d'humeur à reprendre la mer, laissant sous les eaux nos plongées dauphines ou raieglisses, Jazirat Bahdur au Sud, son village effondré autour de citernes de rocs contaminées. Les pêcheurs avaient bâti ces cuves à eau douce y déposant de lourdes pierres noires d'où suinte la condensation née de l'alliance de rayons chauds et de nuits fraîches, ces pierres ont aussi pour fonction de minéraliser l'eau.
Devant la passe Oumâ fonce plein pot sur un banc de raies diables, elles ne se déplacent pas d'un chouïa. Environ cinq mètres d'envergure pour un poids d'une tonne, multiplié par le nombre il égale celui du voilier. Plus par ennui de les blesser que de bigorner la carène, nous battons en arrière pour enfin les voir sonder à portée d'un bleu tabou.

Le retour sera peut être favorable. Deux fois l'Erythrée nous a tenus éloignés d'elle à coups de canons et de regrets. L'étrave s'élance vers le pays rouge, l'Erythros des grecs, des terres parcourues par la fastueuse Bilquis reine de Saba, un pays marqué par un destin implacable.
Peu de vent pour une navigation de 180 nautiques, de milles pleins de Sud tranquille. Une rencontre mettra de l'agitation au large de Babadam, une flottille de pêcheurs campés sur des barques effacées par la nuit

clignote tout à coup de signaux de fortune, briquets, allumettes ou lampes murmurent “on est là !” Dans une matinée de langueur, les tympans battus par la monotonie du moteur, El Soustra tente l’envoi du spi, la bulle coloriée s’élève dans l’air paresseux, ondule, puis soupire.
Les lignes cassent net à l’approche de l’atterrage, Oumâ ne traîne plus que des bouts de nylon qui serpentés sur l’eau, occupés à mettre le pont au clair nous voyons passer sous l’étrave un balèze de requin marteau qui a dû boulotter les leurres avec un camarade. Au large du Portugal il nous avait fallu décrocher le requin renard qui courrait après nos poules, mais là, pas de soucis, les squales à tête d’enclume ont déjà entamé la désintégration des hameçons de leurs sucs.
Le voilier croise le trafic des cargos du port de Massawa - Les marins de la Péninsule arabique le nomment Mit’Sîwa.
La balise verte dit que c’est bon pour ce coup là, allez-y, la rouge rappelle quelque méfiance. Trente années de guerre et enfin la paix, le bonheur semble tenir la main du malheur en attendant son premier sourire. Une bande montagnarde aride, ou verte et cultivée, s’étire du Soudan à Djibouti, heurtant l’Éthiopie au Sud. Son entière façade Nord-est est littorale.
Á l’accostage, surplombés par de grands navires, un homme attrape nos aussières, il a appuyé sa bicyclette chinoise contre une bitte d’amarrage.
- I am Mike.
En un quart d’heure la paperasse est stylobillée par des officiels ne s’encombrant pas de surplus inutile au bon allant des jours, des femmes en armes, du moins en sourires désarmant, contrôlent l’accès au quai, au bout du bras de mer le mouillage est gratuit. Les cargos se vident, fouillés de grues grinçantes extirpant des sèves de Chine ou d’Italie, Saoudiens, Yéménite, Egyptiens et Omanis palabrent avec les Erythréens sur une eau épaissie d’huile. Chalutiers et barques, décorés de fresques mystiques ou naïves, poussent du bordé un quai sale, mais la crasse, noyée dans les peintures gaies, ne se voit même plus. Á tribord la grève est un ultime cimetière d’épaves effondrées fouillées par la mer, bâtiments militaires, cargos, chalutiers rouillés, tout est brisé.
Oumâ trouve son lit, il s’endort à la fin de sa première histoire Tigrinya.
Sur le quai tapissé de grains de blé fuyant des sacs, premiers bongiornos

gais et contagieux, nous passons sous une arche courbée de signes amhariques.
Une alchimie humaine brûle, elle se ressent dans la ville. L'Histoire a réuni les Erythréens, renforçant la douceur et la tolérance d'un peuple se tirant seul de mauvaises affaires à la suite d'une colonisation latine, bataillant pour sa culture, conservant cet air de nostalgie italienne que déploie la génération des papis. On y a souvent pensé, maintenant elle nous pétille de la glotte jusque dans le crâne, une bonne bière locale, bouteille brune anonyme pourvue de douce ivresse, les échanges linguistiques sont chaleureux, déjà nous devenons des habitués de la terrasse. Mike saute de son vélo qui lui sied aussi bien que ses cheveux blancs sur sa peau d'ébène.
- Mike Haltezion, blanchisseur.
Il détient la machine à laver le linge, à ce titre récolte les effets des marins. L'homme, pas avare d'attentions, commande puis suce un traditionnel 'smolti', un petit thé, avant que nous lui confiions nos dollars qu'il va changer au meilleur taux. Lorsque nous réalisons que l'hésitation n'a pas effleuré la confiance, il est de retour avec une poignée de billets Nafka, nom du village martyre dont la souffrance est rappelée sous une forme inévitablement quotidienne.

“ L'Érythrée, pays de Pount dont les richesses furent déjà convoitées par les pharaons, établit des liens commerciaux et culturels avec les marchands navigateurs de la péninsule Sud-arabique, favorisant la naissance, au cinquième siècle avant notre ère, d'un premier royaume abyssin, le Nord de l'Éthiopie devenant plaque tournante essentielle entre l'empire romain, l'Arabie, l'Afrique de l'est, la Perse, l'Inde et l'Asie du Sud est. Puis arrive l'islam, s'installant en Arabie et sur les côtes de mer Rouge, s'emparant de ce commerce très lucratif jusqu'au 16 ième siècle, date d'une offensive chrétienne ” (Aethiopia, Peuples d'Ethiopie chez G+B arts international, Cultures et Communications).
L'Érythrée colonisée par l'Italie dès 1889, ce jusqu'en 1941, endure la terreur mussolinienne. Accaparée par l'Angleterre à un but sombrement planifié, les britanniques harcelant les nations unies afin de fédérer cette indépendance, le négus Hailé Sélassié, puis le colonel Mengistu, opulents

Massawa

de conseillers occidentaux, s'acharnent à l'annexion. L'Erythrée n'existe plus, province d'Ethiopie pour trente années, mais pas dans l'âme d'un peuple partageant neuf langues, et dont les femmes et les hommes donnèrent farouchement leurs vies à la guérilla. Avides, les oppresseurs arrosent l'Érythrée d'un orage de poudres. Cette insistance ne fait que souder plus fort encore les liens de liberté, en 1991 le Front de Libération du Peuple Erythréen innocente son pays et, en 1993, un référendum accorde l'indépendance sans condition. Massawa, Assab, ports d'accès d'Afrique orientale où nos nations la morale incertaine embusquée derrière leurs marionnettes, ont ravalé leur orgueil. Pour combien de temps ? Aujourd'hui on y vit en bonne entente, on s'entretient en Tigrinya des provinces du Nord, et l'ancien amharique est accepté comme langue officielle.

La ville est pauvre, les arrivages de denrées courantes inconstants. On ne rechigne pas au travail, s'en sortir coûte que coûte. Le niveau intellectuel a des possibilités élevées, les jeunes parlent l'anglais ou l'italien complétant leur langue natale. Asmara a son université qualifiée excepté le manque de moyens grevés du retard accumulé par la lutte.

Une femme assise sur un tabouret de bois invite au Boun, art professé au moins deux fois par jour. Un tapis d'herbes fraîches est étalé au sol, elle y dépose un brasero où rougeoie du charbon de bois. Les grains de café vert sont triés avec soin, choisis, nettoyés puis dégringolés dans une casserole à griller, inlassablement brassés jusqu'à l'instant où l'officiante se lève, promenant l'arôme sous le nez de chacun. Brunis, les grains disparaitront au fond d'un mortier de bois pour être réduits en poudre sous le ploc ploc d'un pilon; avec cette délicatesse qu'a la femme africaine, elle cueille du pouce et de l'index un carré de feuille de palmes tressées, le roule en entonnoir, puis coule la poudre au goulot d'une petite amphore replète en terre cuite, la Jabana, décorée d'une fresque. L'eau l'ayant remplie, la poterie est bouchée d'une poignée d'herbe. Sur les charbons attisés la cérémonie se perpétue jusqu'à ébullition, maternée par la gardienne de la tradition. Versé à petites tasses, le Boun, aux vertus certaines, se déguste avec ou sans sucre. L'encens parfume la pièce, du maïs éclaté est proposé, pop corn n'ayant rien d'anglo-saxon, la céréale étant connue en Afrique bien avant un germe d'idée de création des dégâts unis d'Amérique.

Retournant vers Oumâ après une soirée au nid chaleureux de la famille de Mike (une ruine de pierre et de bois), nous étions piquetés d'éclats de rires, de ceux qui guérissent et entretiennent l'existence, nous marchions au coin d'une rue songeuse.

Á la saison torride les habitants de Massawa portent leurs lits de cordes dans les rues à la recherche de fraîcheur, arrosant préalablement le sol d'amples éclaboussures d'eau. Le passant parcoure là un champ de fleurs de songes, y enjambe doucement bébés et vieillards somnolant, des adultes discutant au fond des nuits chaudes, regardant leur ciel, où parfois passent des acrobates. On entre quand on veut dans les rêves ordinaires, c'est tout ce qu'il reste, tout l'essentiel d'un peuple sacrifié.

Au quartier ottoman les artisans soutiennent d'étais les linteaux de pierre et les encorbellements de bois, écoutant cette musique aigüe qui vous tire par le cœur du côté des filles de l'amour, bars où se réfugient les enfants orphelins. Si la détresse les envahit avant qu'ils ne s'apaisent d'un sommeil noyé d'étoiles, désespérés du retour d'un père et d'une mère, leurs jours sont une quête de débrouilles et ils sont diablement doués pour vous agripper le cœur. Que leurs âmes juvéniles s'écroulent, toujours une aile adulte les enveloppera à vouloir les guider vers un avenir meilleur.

Un million de réfugiés survivent à la frontière du Soudan, un programme de rapatriement est en cours.

Du ressac marin au silence des montagnes

Une colonne de paniers tressés bourrés de sel, posés près de baluchons, s'étire le long de la route d'Asmara, leurs détenteurs attendent, éternels patients assis sur leurs talons, le menton appuyé dans une paume.
Deux heures plus loin que l'horaire prévu, toujours pas de bus. Il faut aller au guichet apprendre qu'il est planté, moteur cassé.
Les taxis collectifs s'engouffrent dans la brèche, embarquant les voyageurs, empilant les bagages. Nous payons nos places serrées collées, en route pour une centaine de kilomètres grimpant à 2400 mètres.
Le fourgon sautille sur la plaine aride fourbie de carcasses de chars écrabouillés partageant les impressions du paysage. La proximité quasi intime de nos voisins, porte à exprimer le sens qui fait défaut, il serait dommage qu'il ne se manifeste si nous ne dialoguions pas.

L'homme âgé tenant ses mains croisées sur sa canne énumère les méfaits de la guerre, ne comprend pas pourquoi il n'entend aucun cri d'humanité, aucune opinion venue de derrière les frontières de son pays puisque l'Onu n'a jamais ignoré le désastre. Flétris, nous répondons que dans les pays dont il parle l'émotion est brève, elle s'éteint en pressant un bouton. Là-bas on passe vite d'un sentiment à l'autre sans beaucoup d'attention

ni d'intérêt, qu'ils en ont rien à foutre parce que vous n'êtes pas aux agences de voyages, et que si notre écoute peut vous guérir, servez-vous largement, le cœur est là pour çà.
Il va à Asmara visiter sa famille aux économies de deux années.
Un autre raconte le paysage pour lui-même, peut-être pour l'absent, interpellant les passagers d'un monologue soutenu.

Dominique fait face à un homme jeune, leurs genoux se touchant il se contorsionne, assez gêné. Pas ennuyée de la situation tandis que le taxi attaque la montagne, elle se lance dans une conversation avec le timide passager dont les études le sont moins, l'exposé de sa thèse en biologie marine nous immerge dans un bain familier où son désir prend la dimension de l'espoir, développant des flores marines aux applications médicinales, ou la gestion de pêcheries. Le fourgon ralentit, des camions, par dizaines, chargés à bloc de sacs de grains, montent aux usines d'Asmara, autant sont en panne. Convois ininterrompus sur le bord des ravins au fond desquels on aperçoit des zébus s'abreuvant à un cours d'eau, les femmes battant le linge en amont. Fascinés par ce filet clair qui dévale, cette vie rayonnante des plantes – nous n'avions pas contemplé une telle douceur depuis plusieurs mois – la frénésie nous prend, une mémoire d'arbres et de fleurs, un fantasme de sieste dans l'herbe.
Arrêt au village de Ghinda pour la pause casse-croûte.
Bâties sur l'une des rives de la route, face aux échoppes qui alignent cafés, épiceries et artisans, les terrasses invitent les passagers sous les grands arbres qui bruissent du vent tiède. Injera à piment torride inondée de coca ou de bière, la nourriture est avalée à pleins doigts, le goût s'alliant d'instinct au toucher.

Tandis que César De La Fourchette, baron,
Astique ses armoiries,
Assis dans le taxi
Nous nous grattons le troufignon

Coiffés de vastes plateaux les enfants vendent des goyaves, des graines de courge ou des bâtonnets à nettoyer les dents. Soucieux, les villageois semblent préoccupés par un état de conflit qui traîne, les sourires sont discrets.

Au col de Seidici - soixante kilomètres - au-dessus des forêts d'eucalyptus la route balconne à flanc d'une nouvelle vallée, la montagne se couvre de figuiers de barbarie, le taxi stoppe, l'air est vif.
Un panneau peint de signes amhariques, arabes et anglais, souhaite *'Bienvenue dans la région des trois saisons en deux heures'.* On y déguste les fruits épineux cueillis au moyen de boîtes de conserves ficelées à des perches, ils abondent dans les bidons ou les paniers, pelés en un tour de main puis présentés; de figue en aiguille nous en savourons une vingtaine chacun pour une pièce de cuivre, l'œil attiré plus haut par une ribambelle criarde de babouins, leurs petits agrippés au corps, cueillant les fruits au champ de figuiers, déplaçant leurs fesses roses comme des couturières averties.
Dans les vallées ramifiées, sous des sommets rabotés ou boisés, des villages de terre brune noués de sentiers messagers ou travailleurs, volent sur les flancs ou sont coincés près des torrents.
Le dernier virage se pose dans l'azur à 2400 m. La voie ferrée fluette, en cours de rétablissement, tracée comme un dessin naïf, touche aussi au but, l'air fraîchit encore, la fournaise du bord de mer n'a aucune chance d'arriver à Asmara.

Nous sautons sur le trottoir, sacs au dos, en quête d'une chambre. Mais un charme diabolise la vitrine d'une pâtisserie, nous y lançons la vengeance gourmande. Transformés en aspirateurs nous vénérons les religieuses, promettons un cierge saint à Ali Baba de Rome, relisons le millefeuille, des éclairs nous foudroient, nous prenons des tartes méritées, un agent de circulation intestinale nous colle des amandes aggravées de prunes aussitôt déchirées à coup de dents, on saute dans le Paris-Brest pour finir sur le flanc. Á Asmara les pâtisseries ne sont pas un luxe, d'un prix appétissant on en trouve une tous les cent mètres, en respectant le balisage.

Le faubourg montagnard, ajouté d'architecture latine et de clochers alpins, nous étonne sur la terre africaine. Á un angle de l'avenue de l'Indépendance une chambrette cligne de l'oeil depuis le Khartoum hôtel, bâtiment propre, douche, salle de petits déjeuners quadrillée de nappes à carreaux rouges et blancs, de celles de nos grands parents. La ville a été épargnée des bombes, non par compassion, mais par intérêt à qualité de base stratégique, elle vit dans sa bulle, gardant une confiance tenace. Les taxis jaunes rafistolés - des modèles Fiat de vieille Italie - soignent les boiseries de leurs carrosseries ou interpellent les promeneurs, sans trop insister, sur des rues animeés de bandes adolescentes heureusement mieux fortunées par le sort, un destin moins cruel que celui d'une autre jeunesse mutilée déambulant au bord des routes, claudiquant vers les camps d'accueil sur des béquilles de bois, blessée au corps et à l'âme, le regard encore apeuré.
Le nouvel an Grégorien émoustille le marché, les campagnards d'automne se mêlent aux citadins pour vendre les récoltes et les élevages, les femmes vêtues de capes écrues brodées, cheveux nattés, s'assoient à même le sol proposant moutons, poulets ou plantes qui passent de mains en mains, tripotés, soupesés. Les enfants vendent des billets de tombola ou de l'encens, les hommes discutent, charriant des ballots sur la tête. La fête est autant gastronomique que religieuse. Le pope apparaît drapé d'un blanc manteau couvert de barbe et cheveux sortis d'une mitre volumineuse, canne courbe fétiche en main le dignitaire marche vers la grande halle de briques rouges où s'empilent la ferblanterie, la vannerie, de sobres menuiseries, cuirs, graines, bidons. Les mamelons d'épices flamboient, touchés par le soleil. Des mamies gâteaux, des filles au regard délié qui troque un frisson, des papis pensifs, des chats endormis, des doudous baladant leur chasse mouche, on entend le clip clop des chevaux, des bruits de rue infiltrés sous l'ombrage. Un sac vide ça ne tient pas debout… disait ma grand-mère. Dans un restaurant du quartier populaire, assis pour l'apéritif, les petits vieux à peau café éclairent leur pupille de nostalgie et leurs pieds de chaussures de cuir blanc. Pantalon à pli, veste impeccable, fiers d'un Borsalino, ils conversent en italien. Le bœuf aux légumes frais nous fait bégayer au point d'en reprendre trois fois, enchanté le cuisinier sort sa tête toquée par le carré du passe-plat,

précédée du poing fermé victorieux d'un pouce dressé.
Tard le soir, couverts de vestes chaudes, les pieds endormis par le froid, un aspirateur à gourmand nous attire à nouveau, la pièce abonde d'animation et de vitrines vides. Café de rencontres d'un soir où parlent la guerre, l'avenir et l'espoir, les au revoir seront toujours les mêmes, incertains.
Sous nos couvertures bordées aussi haut que les nuages qui survolent la mer Rouge, déconcertés par cette immobilité de la nuit - il se fait longtemps que les lits ne nous connaissent plus - nos pensées sont pour ce pays attachant où l'on resterait volontiers. Mais les pensées n'appartiennent à personne, elles voyagent aussi.

La célébration s'étend dans les rues d'Asmara. Le musée est fermé, la vie est au marché, mouvante de d'éclats populaires, elle passe en flots dans les quartiers. La rue aux tissus reflète l'âme de l'Erythrée, ses symboles y sont imprimés, ils s'apprennent en déroulant le tissu, en palpant l'épaisseur ou la finesse de la trame, en déchiffrant les motifs. Á la boutique, les brodeurs accueillent le client d'un chant à timbre aigu, les Erythréens choisissent des emblèmes à leur apparat que des ouvriers s'empressent de tisser de mélopées de coton.

Nous quittons Asmara, accompagnés de gens croisés aux coins chauds des cafés, ils veulent porter leur amitié comme nos bagages jusqu'à la place des autocars. La grosse caisse s'ébranle, fleurie de signes d'adieux. Á bord l'ambiance est bruyante, des poules ligotées sont couchées dans la coursive, des chèvres sanglées sur le toit pendent une tête ou une patte aux vitres, des gamins piaillent, goûtant chaque passager, sautant de bras en bras pour repartir téter sur le ventre de leur mère. Des fiancés aux doigts entrelacés, des paysans les paniers vides, des citadins les paniers pleins, les têtes balançant une polyphonie silencieuse sur le toboggan dévalant vers la mer. Le Haboob est oublié avec ses deux OO ronds comme des joues gonflées de souffles, mais le désert étale déjà son immensité sous les remparts qui refroidissaient l'atmosphère. Sur la plaine la chaleur écrase les ardeurs, seule une musique aigüe, grincée par la radio, aiguillonne l'assoupissement.

Oumâ a besoin d'un sérieux lavage de voiles, les conditions de navigation ont usé la toile, le sable ronge les coutures.
Au poste à eau et carburant c'est la cohue en boucle continue; l'enchevêtrement de bateaux de pêche, les cris, l'odeur nauséabonde de cales vidant leur jus de poisson, nous font hésiter de quelques ronds dans l'huile. Un coup d'œil sur la grand voile et le génois raidis de boue salée incite au forcing. Pas de place à quai, l'ancre est mouillée, les aussières sifflent par dessus la flottille chamarrée, à nous la flibuste, à la mer comme à la mer ! Il est impératif de saisir le boyau de caoutchouc, idole sacrée, le nettoyer pour l'engouffrer dans le nable de nos réservoirs, pressés par l'impatience des adeptes du serpent cracheur. 200 litres plus tard les voiles s'ouvrent pour une douche salvatrice. La foule gronde, nous courons au sacrilège. Ça n'est pas tant le manque d'eau qui provoque ce soulèvement, car elle abonde, mais plutôt le geste dissident, inhabituel. Laver un bateau ?! Impensable... En quelques mots nous exposons cette nécessité de nous débarrasser de nos raideurs, chacun écoute puis accepte. Sur ce ils nous pressent de tant de questions que la besogne peine à finir.
Nos ailes sèchent lorsque nous relâchons le reptile, malgré ses tortillements il est attrapé au vol par le plus décidé dans un champ de mains brunes, nous nous éloignons sous les signes amicaux et les rires, allant reprendre le mouillage, caressant de l'oeil des voiles si douces.

Rêve sauvage

Au Nord surgissent des teintes graduées de sommets, des îles plates annelées de récifs, là, la mer Rouge, relativement peuplée, reste 'civilisée'. A son centre l'œil marin s'étale, les hauteurs cédant au désert. Plus au Sud, de puissantes tellures ont projeté des archipels de lave où la présence humaine est rare, la vie rude, l'ambiance celle d'un matin du monde, sauvage est bien le climat que chantent ces contrées bouleversantes, tragiques, qui égarent ou apaisent l'esprit, un rêve éveillé, une relation à la conscience.

Un méchant pincement au cœur nous étreint au moment de quitter le port de Massawa, on ne quitte pas cette terre indemne, les trois équipages sont unanimes sur ce point. Trimballant une dernière matinée en ville sous prétexte d'y acheter des tomates, nous allons saluer nos amis. Les filles brûlent une caresse sur nos corps, les hommes s'accrochent aux mains, une vague de larmes n'en finit pas de briser.

La silhouette de Mike sera la dernière amarre, l'ultime lumière visible.

Les voiliers ondulent dans l'air flou. Quelques mistoufles d'air inclinent Oumâ à l'approche de la Grande Dalahak, la mer est belle. Un cairn de pierres signale un passage à la pointe du Ras Ilet, chenal courbe d'un chemin de clapotis glissant entre des falaises franches trouées de grottes, le vent y joue comme un félin, accélère, puis bondit, obligeant à réduire

la surface des voiles pour qu'elles se défendent. Soudain il ruse, nous prend de face et s'échappe en bruissant vers d'autres recoins. Virement de bord à 90 degrés devant la bouche du lagon Gubbet nus Nefit ouvert sur des roches dévorées d'érosion et des miroirs verts léchant des plages de sel. Un autre virement pour l'île Nokra, et patatrak ! Changement de monde, ça n'est plus que ruines, tôles, épaves de vedettes lance-missiles, un sale caboteur a chaviré en travers du chenal sous des fantômes de hangars grinçants, largesses de l'armée soviétique partie sans nettoyer, spectacle désolé et désolant d'un désastre à goût fétide à la vue d'hydrocarbures fuyant toujours de la coque.
Passent les hommes, injuriant la terre qui les enfante.

Nous posons les voiliers bien au-delà. Après le ramassage de bois sec, le clan réuni se fait péter un feu du diable au fond d'une crique minuscule, grésillant ses poissons et ses mémoires. La terre chaude, des perles d'étoiles, de jolis verres d'une dive bouteille, si nous connaissions la formule pour arrêter le temps... ou l'oublier…

Sur la grande île Dalahak dilatée du ciel et de la mer, un village emboîté de pisé passe sa vie heureuse. Jadis les troupeaux de zébus et de chèvres broutaient ici, à l'ombre des palmeraies du palais des Cheiks et de leurs cours, attendant le retour de zarougs et de houris pêcheurs de perles cinglant vers son rivage pour y déposer des joyaux. Henry De Monfreid les admirait à fascination.

"Pourquoi les mets tu dans l'eau ?
Cette eau est de l'eau de pluie absolument pure
De l'eau qui n'a jamais touché la terre
Et telle qu'elle est née de l'union du feu et du ciel
Et des nuages blancs.
Tu sais que les perles sont des gouttes de rosée
Tombées du ciel pendant les nuits de lune
Et qui emportent avec elles dans la mer profonde
Un peu de cette lumière merveilleuse et douce
De l'astre qui compte notre temps.
Les Sadafs nacrés reçoivent dans leurs manteaux soyeux
Ces larmes précieuses de la nuit et dans le mystère de la mer
Prennent corps les perles des filles de l'eau du ciel et de la lune.
As tu regardé des perles sur un drap noir au clair de lune ?
Eh bien fais le quand le mois est à son quinzième jour
Et tu verras une chose inoubliable"

Henry De Monfreid

Fantasmagories

Bousculant notre assurance des sorcières rouges et folles volent en spirales de poussières brûlantes, traversant les terres à toute allure pour aller s'enfoncer dans la mer en crachant des salives blanches. Ces tornades semblent douées d'esprit.

Le phare de Shumma perce l'horizon. La carte marine de l'île figure un tourteau à pinces de corail, œil jaune clignotant. Etonnants avenants de l'univers. La coque d'albe de Lis Estrambord se teinte de turquoise au bord du tombant, abrités derrière le platier à marée haute, les bateaux s'en balancent de la proue à la poupe, cette nuit nous aurons droit à une berceuse. Tard, un beuglement déferle dans l'air, des effluves champêtres viennent chatouiller nos narines. Ah ouiche ! Nous tombons des bouquins, et le temps qu'il faut à nos têtes pour revenir à bord, des mondes imagés éclatent, dont le plus improbable sera vachement surprenant vu que nous sommes liés au lagon d'une île. Remontant le fumet à sa source, la découverte d'un drakkar fourbi de crânes casqués cornus embusqués derrière le liston, est singulière. Une étable itinérante relâche, sur la dunette plongeant dans le crépuscule des bergers en fouta sont gravés contre le ciel, debouts au dessus d'une cale hérissée de ramures courbes. La feluq non pontée est si lourdement chargée de zébus

que les bordés ont été rehaussés de ridelles de bois tendues de toiles sous peine d'embarquer la mer, les pompes giclent à bouillon continu sur chaque bord.
Shumma s'endort, emportant ses oiseaux, ses marins et sa transhumance qu'elle a recueillis autour de son phare harangueur.

En compagnie de Marie et Patrice, sur le sentier à peine annoncé du plateau clairsemé d'aubépines aux aiguilles dures, nous contournons un cimetière discret, si émouvant, si simple de tombes bordées de pierres plates pour dernier lit de poussières. Le tunnel du phare bourdonne d'un vent de trompe, les marches de fer branlantes de l'escalier en tire-bouchon grincent, annonçant l'arrivée de visiteur. Du somment nous admirons l'Erythrée, rouge millénaire sur une mer blanchie de crêtes, cheveux fouettés, oreilles tambourinées. Les panneaux solaires alimentant les batteries du phare sont couverts d'une couche de fientes d'oiseaux, si épaisse et mélangée à du sable, qu'ils mendient que l'on crache, gratte, astique. Voilà. L'éclat doit maintenant se voir depuis la lune.
Naissance de la lumière. Des étendues coralliennes une lueur arrive en étincelles marines, millions d'éclats illuminant tout ce qu'elle touche dans la nuit. A la féerie de ce pouvoir d'apparition on se demande si l'on rêve. Faut-il que crabe Shumma vous pince ? C'est que depuis que nous sommes embarqués sur cette mer nous croyons aux voyages extraordinaires. Des rouleaux incandescents allument les profondeurs, les bateaux s'éclairent, des cascades blanches éclatent sur les coraux, enflammant le lagon. Rejoignant Oumâ nous chevauchons une comète au sillage empanaché, une caresse de la main attrape des tourbillons d'étoiles.
Ces énergies marines actives se regardent de manières différentes. Scientifiquement le plancton suit la chaîne d'ensemble d'organismes vivants, le phytoplancton d'origine végétale - algues unicellulaires - et le zooplancton de nature animale - certaines méduses ou crevettes - par exemple, des organismes à peine visibles à l'œil nu se déplaçant avec les marées et les courants. Par photosynthèse le phytoplancton capte la lumière dont il a besoin et la restitue (pour simplifier), bien visible la

nuit. Il nourrit le zooplancton qui s'illumine à son tour. De l'éclat activé par le brassage des nappes - bateaux, animaux marins ou obstacles - naît ce fascinant spectacle des mers et des océans.
Le phénomène, rare en eau calme, est appelé eau blanche, ou mer de lait. Nous l'avions pénétré au centre de la mer Rouge, un rayonnement plus atténué, une fluorescence verte remuée d'éclat blanc qui inonda la nuit devenue claire à ces signaux, donnant une densité étrange parce qu'exceptionnelle.

Quatre hommes le torse nu, portant le chèche têtu, entrent dans la mer, soutenant un énorme chargement de bois sec. Les bras s'étirent avec la profondeur et le panier d'osier se transforme en animal aquatique courant sur l'eau, ses pattes grosses comme des avant-bras. J'embarque la récolte dans l'annexe tandis qu'ils nagent en jouant jusqu'à leur navire. Il n'en fallut pas plus pour déclencher une série d'invitations.
C'est une autre longue barque yéménite venue pêcher dans les eaux érythréennes, une feluq ventrue mais élancée, les nattes tressées étalées au-dessus du pont accrochées à des piquets noueux plantés dans le liston. Les grappins en fer à béton rouillé sont posés à la pointe du pont près d'une glène de cordage, les filets lestés de disques de pierre affleurent le plat-bord. Un lecteur de cassettes envoie une musique immanquablement orientale.
Le jeune patron, à la créance de sa famille, a embarqué frères, cousins et quelques vieux renards, à bord le travail est rude, habile.

Le mousse, déjà aux gamelles, aidé de deux matelots, s'occupe de la moffa, four de terre cuite serti de lames de bois liées à l'avenant d'un tonneau, il la surchauffe du bois ramassé pendant que nous savourons une sorte de crumble, mélange de dattes malaxées, galette pilée, beurre clarifié et sucre. La moffa vidée de ses braises à l'aide d'une spatule, les galettes de khubz et les gros thazards ouverts en deux et humectés, sont envoyés à coller aux flancs brûlants, une couverture humide sert de couvercle tampon.
Le temps de quelques photos le mousse fait sauter le bouchon puis apporte les mets sur un plateau d'osier. Cérémonie de lavage des mains

au trait de la bouilloire avant que chacun pioche dans le plat. Le poisson, succulent, fond à la bouche, les galettes ont un doux parfum de blé. Les repas ne s'éternisent pas, on mange, c'est déjà bien, souvent en silence. Dessert de glace pilée imbibée de grenadine ou de lait, percés d'un coup de dents les berlingots plastique sont à sucer. Alors nous pouvons dialoguer d'histoires marines, ce voyage dans le voyage, buvant d'incontournables thés râpeux du manque de sucre.

Les pêcheurs de la Péninsule arabique travaillent toute l'année excepté durant la période de reproduction d'espèces marines. Aux mois de janvier et février, tandis que la vie aquatique frétille en paix des hommes, ils commercent légumes ou fruits, parfois des matériaux, ou bien frétillent tout pareil. La saison est profitable à l'entretien, à la construction de barques, le savoir vivre respecte les cycles de la vie, il ne détruira pas le réservoir inhérent. C'est l'antithèse du comportement industriel à court terme.

Mars revient. Ils repartent mouiller leurs filets, leurs lignes, ramendent, vendent en Afrique les prises conservées dans les glacières, puis pêchent encore sur la route du retour, le poisson séché salé est préféré en Arabie. Le marin yéménite dort peu au long de campagnes de dix lunes coulant

à son sablier, calmes, coups de vent, pannes, une vie marine dès l'âge fragile de dix ans, jusqu'à celui de soixante dix, aussi fragile mais sept fois plus adroit.
Sur le couvercle de la glacière nous ouvrons l'une de nos cartes marines. Ce qui est pour nous un élément de rêve et de sécurité devient pour eux excitation. Habitués des îles, des côtes et des secs, marins des étoiles et des vents saisonniers, ils lisent le vol des oiseaux comme celui des nuages, récitant des poèmes au long de veines de courants et aux vagues. Certains possèdent un archaïque compas récupéré, pas très juste, comme évolution vers le moderne. Nous offrons la carte en remerciement à l'accueil, cadeau mieux symbolique d'une rencontre que d'usage pratique. Dégourdis ils s'amusent à entrer dans leur village jusqu'à leur maison, détaillant de l'index chaque mouillages, chaque jardin.
Ces hommes chantent, lisant la mer à la représentation du Chant des pistes aborigènes d'Australie, peintures d'esprit entre autres décrites par Bruce Chatwin, une suite de mélodies accordées à la marche, où les mots, en séquences rythmées appliquées à la distance et au lieu, s'harmonisent à l'environnement dès lors qu'ils sont prononcés. Quand la mélodie chante l'eau, elle est présente. Le chant exprime-t-il une plante comestible, celle-ci pourrait alors être cueillie à ce moment.
Ces pêcheurs savent les routes au tissé d'une mémoire ancestrale transmise.

Baie d'automne et vent devant

Septembre. Plus de huit mois que nous sommes revenus en mer Rouge. Les couleurs s'adoucissent, mieux contrastées, les couchants flamboyés inondent l'eau et la terre, laissant à penser quant à l'origine toponymique de ces régions. Nouvelle rencontre sur les ondes du sel, nous croisons la route d'un sanbuq aux flancs habillés de toile, crachant des flots de sa cale il remorque un houri magnifique, effilé à n'en plus finir, un poulain à peine posé au bout d'une longe. Les vieux volcans arrondis ou torturés sont désormais l'unique vision qui passe à distance, terres brûlées de ciels bleus, c'est en cherchant que l'on trouve les trésors. Au-delà de quelques milles sur une eau endormie le vent se lève, rêveur tranquille venu d'Orient, gîté sous ses voiles bordées Oumâ fait des bulles dans la jolie brise, rien ne lui manque, il est simplement heureux, naviguant vers de grandes avancées tabulaires qui grandissent, annonce de l'ouverture de la baie Howakil. Une île volcanique dresse sa tête en feu au dessus d'une palette de peintures, sur notre travers les terres floues déformées vibrent, détachées de la mer. La grand-voile est affalée, le génois un peu roulé est débordé - je me demande ici comment s'exprimerait un italien, il va falloir s'insinuer au fond d'un labyrinthe entre Dergamman Kebir, Delesen et l'îlot Debel

Ali, sondeur allumé, un œil plein d'eau bleue, l'autre tâtant du corail en quête d'une anse. La poupe criarde d'un esquif apparaît au pied d'une falaise, encore un virement pour voir la dernière feuille du mât s'en aller à l'automne d'une journée de mer radieuse, puis écouter l'ancre clore l'indissoluble règle du mouillage.

Et glou l'ancre d'El Soustra. Marie-Christine et Michel ont mis le cap sur Djibouti pour une balade éthiopienne. Une frêle barque danse sur le clapot au murmure du vent qui porte le sifflement d'aigles, à l'amorce d'une langue de sable, là où les éboulis finissent leurs roulades, une silhouette noire se détache, observe les voiliers puis disparaît. La nuit des lueurs de flammes révèlent un campement.
Les chasses nocturnes battent l'eau, nous réveillant régulièrement.

Vivre ou survivre

Dès l'aube des hommes marchent, poussant l'eau des hanches, cueillant des coquillages. Serpentis, lambis, porcelaine tigris ou ocellées, montas, de superbes coques bossues couleur crème et sépia, piquetées de mouchetis lumineux. Au coin des éboulis, près d'un foyer éteint nous découvrons le campement niché à une grotte à peine concave, des bidons de plastique vides près d'un cercle de pierres blanches à la surface recouverte de terre tamisée, le lieu de prière où ils s'apaisent. Un vieil homme au corps aride est assis en tailleur, son torse sorti d'une braie. Yeux opaques, sa peau aussi sombre que les scories, l'homme raviné, fissuré, tourne la tête à la vibration de nos accents inconnus.

Les cueilleurs reviennent au camp d'un pas détendu, visages empreints de bienveillance, l'ethnie élancée a les traits fins, mais la maigreur éprouvée reste à considérer. Nous posons nos fesses sur le sol raboteux, des voiles de vie se soulèvent. Le leur est si ténu qu'il s'envole, découvrant des êtres nourris du nomadisme des marées. Les coquillages cédés à un maquignon en échange de désillusions perpétuent le lien à la fragilité. Leur réserve d'eau épuisée ils sont heureux, ou souffrent en

silence sur le chemin austère de l'errance. Ils offriraient leur récolte pour nous être agréables. En comparaison je trouve les moines de chez nous bien gras. Un bouquet de ces magnifiques fleurs de mer est troqué contre riz, pâtes, sauce tomate, thé et café. Patrice fait tourner son moteur, dessalinise et apporte l'eau, cette vie absente ou lointaine.
Le sol résonne d'explosions brèves, sourdes, la terre desséchée est poudrée d'une pellicule de sel. Le flot de magma refroidi a durci une peau alors que le cœur vidait son feu liquide, laissant un dédale de galeries dérobées couvertes de poussières et d'embruns soufflés, accordant au pas une croûte sonore.
Figurines de bois, un peuple d'acacias, des mimenbois à l'air théâtral, jouent des prouesses à l'inspiration des vents, buvant les rosées perlées des crépuscules. Le pays et les hommes se ressemblent, même fluidité ascétique, même minceur.
Couveuses aux trous de roches épargnées par les marées, les aigles femelles battent le tintamarre au simulacre d'une aile brisée, éloignant les intrus des nids. Nous partons dans un large détour en regardant le ciel qui se charge par l'Ouest pour apercevoir la barque ancrée de l'autre côté de la lagune d'où un homme agite les bras. Les voiliers sont mis à l'abri derrière une langue de sable dans l'Est de Debel Ali, au moment où de gros et noirs nuages grondent, craquant des éclairs au-dessus d'Howakil.
Message reçu. Les puissantes convections continentales sont toujours actives, bien qu'au calendrier météo les calmes soient bénéficiaires à cette saison. La mousson humide de l'océan Indien s'attarde, envoyant son flanc guerroyer au loin. Du sable à la pelle sur les ponts ça ne sera pas pour cette baie, mais nous ne perdrons rien à attendre.
Un nakhuda met en sécurité sa feluq garnie d'une guirlande de barques, mouillant ses grappins dans le lagon. La bande de jeunes pêcheurs qui arpentent le pont sous un ciel gris venteux est endurcie de vieux loups de mer à collier blanc. Nous vivons deux journées menaçantes, brimbalant du houri à Oumâ, de thés verts en parfums d'Inde, de poissons en biscuits.
Captain Ali vient étendre son corps sec dans notre carré comme il le ferait sur les poufs du diwan. Goûtant un confort plus moelleux que

celui de sa natte de mer, il scrute tout d'un regard vif, une réflexion discrète de soixante dix ans. Ce nakhuda, sage et souriant, à l'aura douce et ferme, sait écouter avant de se départir de paroles. Ses mains se posent sur notre théière de faïence qu'il élève pour l'admirer à la manière d'un archéologue, Dominique lui en fait cadeau, évitant un déchirement de philosophie esthétique, agrémentée d'échantillons de parfums. Nous retournons sur le houri tandis qu'il la maintient délicatement à l'anse en qualité de prochaine faveur à sa préférée des quatre qui attendent son retour.

Jouer au domino avec des matelots avertis sur les nattes couvrant le pont tandis que capt'ain Ali enfoui dans les cordages ramende ses filets, permet au temps gris de passer. Parlons rapport : A Loheya, au Yémen, on construit un bon bateau qui tient la mer comme il le faut, pas luxueux mais suffisamment confortable, équipé d'une voile à antenne et d'un moteur diesel, pour 18000 euros. Longueur 17 mètres, validité (flottabilité) 15 ans selon le bois utilisé, couramment du résineux. Ce bateau fera vivre plus ou moins une douzaine de pêcheurs ainsi que leurs familles, soit quarante à cinquante personnes au minimum, incluant le harem.

Une semaine vient de tanguer sous notre coque. Le nakhuda nous invite à une campagne de pêche, toutefois il n'est pas question de laisser notre voilier plaisanter seul comme un vieux garçon, le temps est venu de faire à nouveau du Sud car à la sortie de la mer Rouge la donne va bientôt changer pour se renforcer en notre défaveur.

Du près, du près, du près, on en broute les vagues, on en croque, 25 nœuds établis d'embruns, une mer courte qui halète, le voilier se débrouille avec fougue pour gagner Umm Sharig, détachée de la côte, il faut replonger dans le calcul ondulant de marées, des patates de corail plein la marmite, une nuit aussi blanche que la lune ronde qui nous éclaire. La navigation reste agitée lorsque nous atteignons la baie d'Anfila, remontant un vent qui forcit au fil des jours, brisant des lames sur des côtes superbes d'explosion blanches. Le mât de Marie et Patrice est en vue derrière la ligne de terre, fortement rythmé.

- ça va ?

- Bof !

Dérive relevée Oumâ va fouiner l'anse Midir, la marée haute accorde un demi mètre d'eau sous sa bedaine, ça roule, ça tangue, ça bouscule, le vent monte, le ciel se couvre de gris puis se déchire de noir, enfin la mer gronde. Un bon café secoué nature, il est temps d'étudier le coin, de le comparer à la carte car un embrouillamini se prépare, c'est net. La promesse est tenue.

Lorsque nous extirpons le voilier du chaudron en tossant dur dans les creux, El Soustra se joint à nous. Du mât, que je connais bien, je m'essaie à un passage comme à une rue sans issue. Marie, assise six mètres au dessus de Patrice, guide leur bateau, Marie est nue, Patrice scrute un ciel émouvant. Les îles Handa Deset par tribord et Hant Deset à bâbord en tenailles, roulés par l'eau trouble à la vitesse d'un nœud, à tâtons nous cherchons à loger nos coursiers à une écurie de providence.

- Deux mètres ! annonce Dom qui envoie les sondes et des coups de barre.

- Moins de deux mètres !

- Bâbord, bâbord toute ! ça fait indécis mais le dédale est encombré.

- ARRIERE !!

- Avant lente

Pas loin de nous les ibis ont pied donc il est temps de revirer, et vite ! La teinte soufre diluée d'un trait d'eau verte laisse espérer une dernière chance avec plus de vitesse pour manœuvrer. Soudain un enchantement emporte les fonds à cinq mètres, nous voguons au dessus d'un abysse ! La mangrove fournie s'ébroue dans le vent, ruban qui en ce pays aride bruisse d'un souffle de forêt. L'inquiétant zigzag a contourné l'entière zone des hauts fonds pour venir coller une terre sous le vent. La mer ? Comme un lac apaisé, mais là bas, à l'entrée du passage qui a bu nos sillages, de grosses crêtes blanches en colère galopent en se poursuivant. Les voiliers protégés, nous nous rassurons d'un deuxième mouillage bituré sur le pont.

Refermant la housse de grand voile je remarque sur la grève l'apparition de personnages sortant du petit bois, un défilé de femmes et de jeunes filles s'égaie joliment entre mangrove et plage. Patrice, accroché à sa lunette, a peut être eu la même idée que moi. Aurions nous découvert

un Eden ? Une douce amazonie apparue à des cœurs persévérants ? Croyez bien que s'il en fut nous n'en serions pas revenus pour en parler. Quand Dom prend les jumelles pour admirer la scène, je retombe sur le pont pour m'apercevoir qu'il y a du matériel à ranger.
Á terre c'est encore préférable. En robes dansantes, le regard farouche, les dents ivoirines taillées en biseau - pratique ethnique de ces guerriers nomades - le Danakils, mieux connus du nom d'Afars, ne s'échappent pas en poussant des cris aigus, bien au contraire elles exhibent leur butin d'opercules fourré au fond de sacoches tissées portées en bandoulière. Paroles et rires, les filles attrapent Marie et Dom par la main.

- Ben, et nous alors !

La smala nous emmène, trottinants jusqu'à une barque tirée sur le sable, puis s'envole pour le village côtier de Mi'lda où la récolte est attendue. Des retrouvailles sont prévues pour le lendemain car elles désirent manger des 'biskits'.
Mais les lendemains sont incertains.
Depuis les ponts nous supputons de l'envahissement d'énormes troubles entrain d'avaler le bleu céleste.

- Regardez là bas !!

Caché derrière la montagne Grand-Mauvais-Temps envoie ses premiers assaillants, un mur gris et brutal aspire et fait valdinguer tout ce qu'il trouve de sable ou d'arbustes, dare-dare nous faisons le tour du voilier afin que rien ne file dans les airs, tout est verrouillé, nous aussi dans nos cirés.
Brusquement le monstre élève sa force, il mord, engloutit les sommets, crache du noir de cendre, vomit du rouge, souffle des bronzes fétides, un monde terrible avance sur nous, impossible de décoller les yeux du chaos. Á l'avant du front un calme total, bref, puis c'est la curée.
Lorsque les voiliers évitent pour faire face à l'attaquant, le second mouillage est largué. Le dragon nous heurte d'un tourment dément, impitoyable, les mâts inclinent en hurlant comme des fauves, des salves de sable vrillent nos yeux, les congères de soufre s'accumulent à bord, les chaînes se tendent comme des barres, ça piaule dur, l'atmosphère s'enfume de ténèbres. Á surveiller nos défenses enfouies qui tiennent bon, je me mets à croire que la tribu de Mi'lda aiguise ses dents pour

mieux mordre les dragons. Coups de griffes cuisants, déjà plus d'une heure qu'il cingle. Derniers coups de queue, il souffle encore, il vente, il sable, puis il pleut.
IL PLEUT ! Depuis quand n'avions nous humé ni reçu la pluie sur le pont du voilier ? C'était, je crois, dans un autre monde. Enfin le monstre s'en va avec sa tempête, son souffle décroit, apaisant régulièrement l'espace, les cirés sont arrachés, costume à poils, à la douche !
La pluie, dispensatrice d'une brève aspersion, sera suffisamment vivifiante.
Le pipi de dragon du désert récolté à la saison des marées d'équinoxe, ça soigne les apathies !

Que faire d'autre sinon estimer les perles de ce pays intense. Il est essentiel de le parcourir, l'air est purifié, nous franchissons ses journées sauvages si claires, des bras de mer, des mangroves, avec ce désir de respirer le goût étrange et merveilleux de la terre et de la vie renouvelées. Seuls nos mouvements nomades pousseront plus en avant.
Sortie prudente. Un fort souffle fait sursauter l'équipage, une tête garnie de moustaches émerge en clignant des yeux, suivie d'une ici, puis d'autres là. Des lamantins ! Mammifères herbivores nageant dans le mythe des sirènes, autrefois désirables à la virilité de marins trop longtemps au large des filles. Apparitions rares.
- Vous auriez pu vous raser mesdemoiselles.
Quinze nœuds venus du Nord se répandent sur la mer, navigation sereine sous voiles, puis au soir Eole s'en va. Quelques gros chalutiers partis d'Égypte nous croisent dans le crépuscule, des éclairs allument les montagnes occidentales tout au long de la nuit pendant que le moteur touille son huile. Un jour laiteux attrape Oumâ cheminant toujours au tapage de sa mécanique.
Sans goût pour ce papafard, cap sur la baie Baraisole, à raser les terres marines de Curdumiat et les hautes îles Abaïl arrondies comme des bols à l'envers, des milliers d'oiseaux, héritiers naturels de lieux fastueux, crient leur saoul en dessinant des vertiges. Le débarquement est délicat, voire impossible, de lointaines, de furieuses houles battant l'accore de ces solitudes abruptes.

El Soustra a senti la sortie, il continue au large, Oumâ égrène sa bohême pour Baraisole Bahir Selat répandue de la veine géologique des îles Hanish, sang rouge et noir, sang blanc, sang ocre, sanctuaire figé des naissances de la terre.
Au détour de Jezirat Selafi, cône volcanique ombré d'une encre antique ceinturée de cristaux salés, affleurent des cabanes de planches et de branches mêlées, une impression de naufrage miraculeux. Sortant de repaires ombragés des âmes enluminées de tissus flamboyants marchent sur le sable, baignant dans l'espace ardent, un poisson ou une jarre sur la tête. Leurs barques dorment à la lisière d'une écume qui souffle en mouillant le sable étincelé, toujours cette vie sobre et pure.
Á une encablure du rivage Oumâ frémit du soir, un vent capricieux entre dans l'anse, y fourrant ses vagues, l'abri devient précaire, il faut se réveiller, larguer le rêve, il faut partir.
Le jour s'éteint quand nous hissons les voiles, poussés par un courant de jusant obligeant à modérer la vitesse pour atteindre le port d'Assab à l'aube. Un éclat, pile sur la route. Á manœuvrer pour longer une embarcation en dérive prévenue d'une lampe à pétrole balançant au-dessus d'une coterie faisant cercle autour de gamelles, les mains échangent des messages propices avant qu'ils ne s'estompent sous les étoiles. Sur la carte nous positionnons le sommeil du Ras Loma puis celui du Ras Gombo, avant d'apercevoir l'alignement blafard des lampadaires du port.
Pour d'autres lumières de civilisation nous doublerons la digue, pour ces cargos qui débarquaient des exils dans le port de Massawa.
Six heures du matin, debout entre l'aube et l'aurore, pas une âme ne vit sur les quais, aucun bateau sinon Oumâ seul sous d'imposantes grues métalliques, muettes au bord des accostages.
Espérant une activité tardive nous y allons d'un petit somme.

Midi, toujours cette immobilité....Fantomatique ! Embossé à une énorme tonne le voilier ne craindra pas la crise du logement, pas plus que la quête d'un trésor publique. Les chats, dans une forme olympique, se courent après de la cale à la bôme, excités par la vibration de la terre proche.

Les quais tourbillonnent de poussières et papiers, au pas de porte d'une immense salle nous découvrons trois personnes attablées, thé, café au lait en poudre ou coca, aux mains d'une serveuse errante désabusée. Nous tirons de vieilles, de lourdes chaises grinçantes sous nos fesses. Verres à sec, quelques pièces sonnent une addition remarquablement désintéressée. Dans la rue un spectre noir à pupille de braise nous alpague pour proposer une aide à notre errance à nous, ça y est on a trouvé la pelote, reste à remonter le fil jusqu'à une administration assoupie du rythme d'un trafic inexistant, jusqu'à un bureau dont la porte se referme sur nos visas, leur validité de deux jours nous l'userons à en trouer la trame.

Des feuillets s'empilent, inévitablement il en manque. L'officier entrebâille une porte pour crier à son chaouch. Le messager, revenu sur sa bicyclette, porte les documents alourdis de ces chiffres règlementaires de malheurs qui bouffent le temps. Je n'ai jamais eu la fibre bureaucrotte. Examen de sortie réussi, un pied dans le détroit, un grand vide au cœur. Je lève les yeux sur le chaouch, Monfreid est là, devant nous ! Coiffé de son turban blanc, ses yeux bleus, son visage aigu halé si singulier, je suis certain que c'est lui. Pas plus ici qu'ailleurs il n'est convenable de presser un homme de questions, les rencontres doivent mûrir, malheureusement pour nous le temps d'Assab ne durera pas une saison. Des pages du Drame éthiopien et de l'Homme sorti de la mer tournent dans ma tête, ramenant le corsaire qui se donnait corps et âme à ses aventures, laissant là une descendance saillante. Dom, fascinée, le parcourt, roulant sur lui ses perles bleues. Cet homme fixant intensément le bureau, devine-t-il les légendes qui l'habitent ?

Á Djibouti nous entendrons les cris du dernier matelot de Monfreid, le mousse devenu vieillard solitaire, affolé d'avoir perdu une si belle vie. Lorsqu'il embarquera sur le dernier coursier de son nakhuda, ne restera que le ressac et l'éther de ces intrépides flibustiers.

La ville est un coffre vide. Les grilles des magasins sont baissées ou coincées, hormis deux épiceries aux plafonds bas gonflés de bidons oranges couronnant des boutiquiers qui rêvent de foules. La guerre a perdu Assab, la communauté a fuit à l'exception de quelques âmes aux racines profondément enfouies. Le port est fermé depuis trois ans, ça n'est plus qu'une garnison militaire, le canon tonne toujours alentour. Au bout d'une rue de désastre les arbres centenaires adoucissent la terrasse d'un café confit de tables et de chaises où, en robe pourpre décolletée, une femme va percer sa douleur sur nous, un funeste sourire déformant ses lèvres. Elle discourt sans cesse, protégeant son espoir pour ne pas sombrer sans retour, proposant que son mari et son fils soient emprisonnés en Ethiopie. La complainte exotique d'un lecteur de cassettes emporte son esprit à fredonner, égaré à une souffrance malheureuse.

Ces guerres qui tuent le bel âge, dévastent les coeurs, trahissent la vie, il nous faut éclairer leurs lâches commanditaires cachés, ceux qui, pleutres, se servent des tripes des autres.

Buvant du thé nous partageons le goût amer de la vie dans un rugissement de camions surchargés de jeunes guerriers et de climat lourd. Un instant elle s'embellit du courage d'un vrai sourire pour indiquer l'adresse du restaurant populaire, là-bas sur un reste d'avenue où les chèvres maigrichonnes broutent le carton des trottoirs.

Deux hauts piliers encadrant trois marches blanchies à la chaux, un écriteau au fronton, c'est L'Aurora, restaurant baroque laqué citron et havane, sa pendule chinée fleurie de plastique, ses vitrines cintrées bourrées de coquillages, un poster pour voyager au Japon, des calendriers d'agences maritimes où grondent les sirènes de paquebots à vapeur. Une mamie coiffée d'un foulard noué sur le front apporte du pain frais et les couverts, la douce ambiance inspire un autre univers, et je doute avoir jamais goûté des pâtes sauce tomate ou dégusté un café aussi délicieux. La reine de l'Aurore a du parfum d'Italie dans ses veines. Quand madame Pina disparaît derrière la porte de sa cuisine pour y composer ses œuvres à la flamme de réchauds à pétrole on se doit de s'émerveiller, et lorsqu'elle revient s'inquiéterquant à la satisfaction de ses sujets, saupoudrant des mots maternels, on a envie de l'embrasser. Les tables réunissent des ouvriers, d'autres des femmes accompagnées d'hommes jeunes, la tenue évoquant une certaine aisance, se nourrissant de la

traditionnelle Injera. Madame Pina sert le café, puis s'installe près de nous car elle compte s'adonner à ses têtes nouvelles.
Cette source qui dispense de la vivacité sans compter est née à Asmara, voyagea quinze jours en Italie mais elle n'aprécia guère. Elle sait converser en ancien amharique, en tigrinya sémitique, tigray des hautes terres du Wollo et du Gondar, dire le français chanté, l'anglais sans brumes, elle mime joliement la nostalgie à l'italienne.
Nous sommes en plein conte au dessus de son village d'enfance à survoler les montagnes, quand arrivent quatre sosies, un Suédois, un Ghanéen, un Canadien et un Italien portant l'uniforme où flambe l'écusson de leur pays, aussi étalé qu'un placard publicitaire. Premiers émissaires de l'Onu, empruntés, fiers comme le chevalier blanc; discrète, la salle lève le nez pour les découvrir.
Ils en ont mis du temps à venir... Trente ans ! Trente ans de vaine gabegie qui ne s'attendait pas à trébucher sur autant de détermination. Trente ans de barbarie à la névrose maladive des puissances, trente années d'immanité à ce point incapable d'imaginer la différence entre soumission et liberté. Tant de férocité et de folie humaine qu'aucune société animale ne saurait égaler.

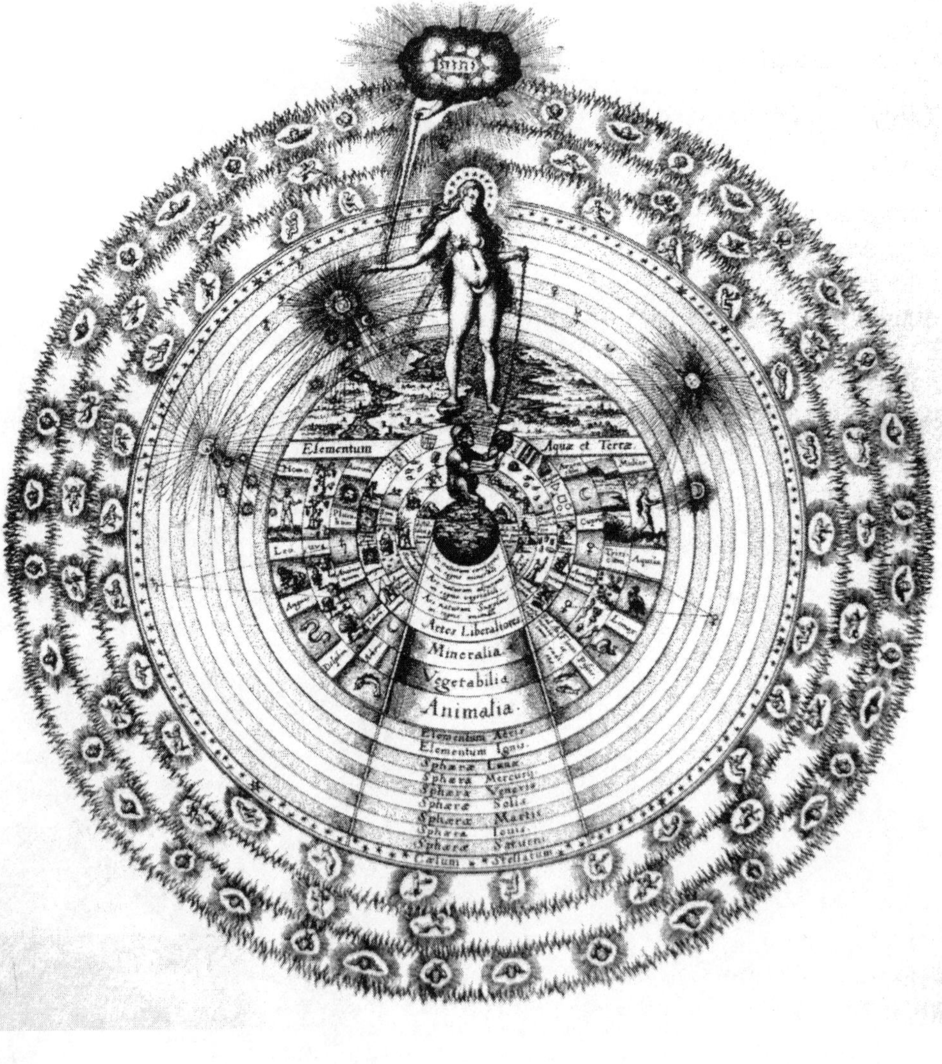
Elementum
Aquæ et Terræ
Artes Liberaliores
Mineralia
Vegetabilia
Animalia
Elementum Aëris
Elementum Ignis
Sphæra Lunæ
Sphæra Mercurij
Sphæra Veneris
Sphæra Solis
Sphæra Martis
Sphæra Iouis
Sphæra Saturni
Cælum Stellatum

Le lien

Nous sommes porteurs d'un message. La dame de cœur demande une faveur, aller saluer de sa part Vittorio à Djibouti, précisant :

- C'est un amourrr d'enfance, servi d'un geste aérien de la main, si gracieux.

Nous irons, bien sûr, et lorsque la déclaration tombera, le choc émotionnel fera se lever l'amour d'un bond de son fauteuil, nous offrant l'histoire d'une belle enfance...

Marsa Fujaim
Wadi Haidan
Zahari
Ruweis
Yakhtul
Mokha
J.ath Thaub
Blockhouse
Sandy pl
Jabal
Ubediy
(Needle) J.
J.Kahat
Low sandy plain
Chiltern Sh.
Ras Bab al Mandab
Small Str.
STRAITS OF BAB AL MANDAB
Jez. Seba
Ras Si Ane
Rf Mouleleh
Mouleleh
Perim I.
Hanish I.
Harbi I.
Se Fieramosca
Baia di Assab
Fatma
Haleb
Secche Scilla
Ras Duqal
Assab
Margabelah
W.Arsile
Ras Dahamaba
Ras Sintian
C.Raheita (266)
I.Dumeira
Ras Dumeira
Dumeira
Eritrea
French Somaliland
Ambarughli Kebir 836
525
797
(Cone) Mte Ann 1096
Assa Ali 886
Ada Ali 1640
Maghaira 2316
2831
1318
1650
Ribira 1210
403
Mte Asli 262
1138
1898

La porte des lamentations

Au bout de sa bosse Oumâ pointe l'étrave au Nord lorsque démarre le moteur. Météo favorable, voire indulgente, pour entrer dans le détroit de Bab El Mandeb. La soirée achève une après midi calme, nos visas se changent en souvenirs, sur l'étale de haute mer nous voulons la bonne fortune d'un courant de jusant pour naviguer dans le verrou qui commande la sortie.

Á mesure de la progression du voilier le vent s'amuse à tourner, par le travers du phare de l'île Fatuma qui envoie ses éclats, un fagot délié d'échelons de Beaufort nous dégringole invariablement sur le nez. Plusieurs milles sur l'avant, deux chenilles lumineuses se croisent, le rail des cargos souligne un horizon d'acier. Après avoir contourné des eaux de faible profondeur, notre cheval s'insinue dans le détroit, il passe le voile d'anciens soleils, un autre monde arrive, nos âmes lancent des regards, puis des saluts, nos cœur se vident, notre marée est basse.

Le courant pousse moins fort que prévu, une légère brise de Sud-est s'établit moderato dans le goulet, si elle tient l'andantino c'est jouable. Bab est la porte, Mandeb ses lamentations, ici un respect tenace avertit que les nuits et les jours de tempêtes on y entend le gémissement des naufragés. Avertis de ses lames comme de ses tourments, les marins

d'Afrique ou d'Arabie prient inlassablement avant de s'y engager, leur passage est confié au Tout-Puissant. Nous ne nous économiserons pas d'une prière à Gaïa.
Le cyclope de l'île Mayyun fouille les nuits du petit détroit, difficilement négociable sinon par beau temps, et celles du grand désormais envahi de mastodontes. Par mer calme les embarcations y courent leur route mais si il faut remonter le vent on se risque à y passer du temps, alors gare aux monstres de métal qui ne bougeront pas d'un degré. Parfois, les voiliers, vent contre courant, se font repousser loin au Nord à tenter de tirer leurs bords pour le golfe d'Aden, désaccordés des flux.
Nous frôlons le rail par l'Ouest, pas de bouinage, voiles et moteur pour s'extirper sont de mise.
Une barque de contrebandiers rase la coque à grande vitesse, envoyant un flash aveuglant et criant une volée de mots incompréhensibles perdus dans la nuit.
De l'aurore émergent les îles Sawabi, sept frères en robe orangée de feu solaire, l'air du large fraîchit, la houle étire une échine océane, Oumâ entre dans le golfe d'Aden, le souffle de mer Rouge s'éloigne.
Des oiseaux criards pêchent autour du voilier qui balance le blues de ses marins sur le banc du Surcouf, route au Sud-Ouest, les îles Musha approchent, nous irons mouiller notre ancre et nos yeux près de coralliaires que nous aimons, avant de rallier Djibouti, demain ou alors après demain.

Djibouti, mai 89

Au difficile rassemblement de Djibouti les destins sont nombreux, être militaire, expatrié fortuné, crève la faim, débrouillard, survivant, marin de passage, indifférent ou amical, la vie raye le pays ou bien s'accorde à lui. Á Djibouti on peut se sentir étranger, ou désespéré des déséquilibres humains, s'y jeter à cœur ouvert est douloureux, tolérer la fatalité, pas l'indifférence. Á vingt ans Taricou est l'un de ces innombrables réfugiés éthiopiens disparus de leurs hauts plateaux, déterminé à ne pas se voir octroyer de force une arme pour faucher des vies avec déraison, le courage lui a montré une route pourtant incertaine, souvent solitaire. Il est arrivé au fond du golfe, après des nuits de marche coupées de jours de cache, brûlé, affamé, et comme tant d'autres s'est mêlé à la multitude de la ville blanche.

Aujourd'hui nous remorquons sous une grue un voilier de bois racé tout juste renfloué. Je suis épaté des dons instinctifs de Taricou, de l'exactitude de ses décisions. Dominique et moi l'avons embauché avec Ahmed son compagnon d'abîme, les naufragers partagent les mêmes enfers ou les mêmes paradis. Je ne sais si les mots démontrent ce que ces êtres humains ont d'espoir comme de force, toutefois en prise directe avec eux la vie n'a pas la fadeur de l'ennui, ni plus d'artifices,ni trous de mémoire, puisqu'elle est si dure.

Le voilier calé sur le quai, je vais jouer du théâtre au poste de police afin qu'ils soient acceptés en zone franche. Nous mangeons tous à bord du p'tit Oumâ, Dom garde leur paye, sans cesse ils se font enfermer et rançonner par les 'autorités' lorsqu'ils ont ce besoin d'aller en ville respirer l'air des leurs. Les sortir de la prison sordide oblige à bakchicher du poison, leur vie n'a de valeur que celle de l'argent, ce venin à accoutumance. Notre quête à leur délivrer un passeport sera un parcours où s'exhibe la négation du discours d'immigration.

Nous devenons une famille qui se bat en serrant les coudes. D'autres réfugiés, protégés par quelques coopérants intègres éclairés de la considération du partage, exutoire à une exploitation acharnée, rétablissent leur confiance.

Á seize ans Bouboule a jeté son adolescence au visage de la haine et un manteau d'exil sur son destin. Son idée était de porter le peu d'argent qu'il gagne au club nautique, à sa mère malade. Á travers la nuit et les soldats, il reprit le chemin qui le lie à son enfance, celui d'Addis Abeba la Ville des Fleurs, où il fut arrêté. Ce chemin est devenu terrible. Forcé d'avancer à genoux à coups de crosses jusqu'à la frontière, Bouboule a survécu, cramponné à la vie.

Pour ces jeunes exilés en dérive dans des marées humaines, un unique espoir, immense, azuré, la Mer. Chaque voilier apparu à la pointe de terre du Héron est dévoré des yeux au point de les envahir si violemment qu'ils oseront, l'âme tremblante, se proposer à faire n'importe quoi vers n'importe où. Et si le voyageur a le cœur lié à l'audace ils émigrent vers leur destin, préservés, surtout reconnus, à moins d'avoir commis l'erreur fatale de s'introduire à bord d'un cargo.

Á notre dernier passage Bouboule n'était plus là, je dirai que son existence nouvelle est digne de l'étoile qui le protège. Salomon l'astucieux a aussi reconnu sa chance. Taricou, homme droit, un temps officier sur un navire marchand, a trouvé son espace loin d'ici. Une superbe synchronicité nous a réunis lors de notre dernier passage à Djibouti, sa tempête laisse place à un ciel favorable. Ahmed est retourné dans son pays.

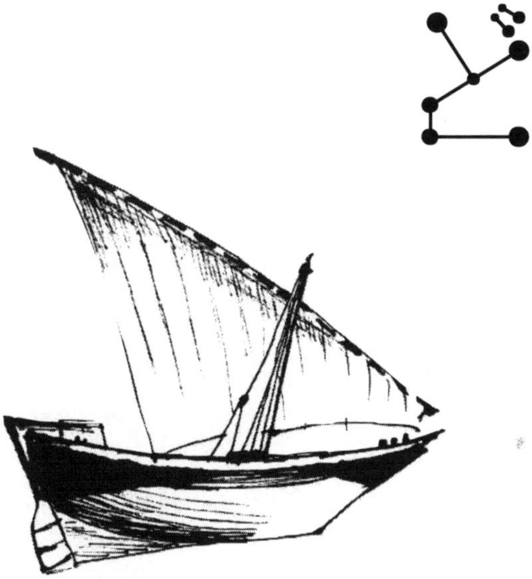

La petite bergère et le taureau

Avec Eugène et Liliane nous partons au savoir des êtres du feu. Le territoire Afars et Issas, veiné d'ombres et de lumières, gronde de telluries ardentes peuplées de vies nées aux berceaux de roches et de poussières. Nous ne sommes pas en côte française des Somalies ignorée de nos écoles vaines et infécondes dont les murs ont volé en éclats, nous marchons dénudés sur une terre de chaos et de miracles. Il a plu cette nuit. Une rare averse a ébloui l'air et le sol fissuré. Les graines muettes jaillissent en pousses impatientes, magnifiques, décidées à vivre ne fut-ce qu'éphémères, corolles absinthe, sphères de jade ou fuseaux frais, l'accouchement de la terre est bouleversant, prodigieux et dramatique. La vibration a déclenché une vivacité fiévreuse. Des autruches farouches apparaissent, esquissant des panaches noir et blanc. Les gazelles posent leurs pattes frêles sur de basses branches réveillées d'une attente aride, pelages bistre ondulés de frissons, elles savourent les tendres pousses. De petits renards, bruns comme du sable mouillé, ne se lassent plus de trottiner, la truffe collée au sol, saoulés de parfums vifs sous des moineaux nés de la dernière pluie qui s'agitent comme des élytres en criant des gazouillis allant se perdent dans l'espace. Le sacre de la nature émerveille et illumine la vie. Depuis des centaines d'années, de mille saisons, le lac Abe - 150 m sous le niveau de la mer, s'assèche en marmite bouillonnante attisée du feu des laves. Evaporé. Une lune s'est posée sur la terre, rabotant les aiguilles calcaires soufrées, le Rêve de l'Eau a laissé ses songes pétulants, bouillonnant près de pâturages brodés où paissent les biquettes nomades. Le monumental effondrement du rif ouvre ses failles ardentes et sonores, préparant le lit d'un futur océan Erythréen qui débordera de l'Est pour le couvrir d'azur. Aux cavernes d'un monde souterrain, au sein des matrices de la terre, naissent des humains volcaniques qui passent à l'harmonie des saisons, menant leurs troupeaux des rives du golfe de Tajoura jusqu'aux forts blancs des hautes crêtes brulées de la frontière éthiopienne, nomades mystiques, vagabonds du feu.

Dégringolant de son nid de roches où le vent résonne, un baladin minéral touche le fond du lac puis court vers nous, faisant tinter clair les cailloutis elle se pose dans le sourire de Dominique, nous embrasant de pupilles. Petite bergère éthique fleurie d'une longue robe tissée de laine bleue et rouge lignée, elle s'épanouit d'un collier de perles de rocaille mises en losange, sa coiffe brune en poils de chèvre veinée d'écru s'étend dans son dos, laissant danser quelques nattes claires sur son visage de jais. Au bout d'un bras frêle sa main tient un couteau d'obsidienne et un petit taureau de pierre bleu. Sur ces terres sans cesse parcourues de vent et de mémoires, l'enfant porte un symbole de connaissance ancestrale.
Taureau cosmogonique messager qui de ses cornes brise l'œuf du chaos pour délivrer les semences fécondes de la matière, taureau qui, placé à l'Ouest au début du cycle, retient les eaux qui menacent la terre. Ce savoir perpétue les milliers d'années d'échanges entre l'Asie et l'Afrique, sa perfection résonne avec la terre mère d'une évolution propre.
Cette nuit, sur les nattes du toucoul bâti d'écorce et de boue séchée, au village enclos de buissons le glapissement des hyènes nous tient éveillés jusqu'à ce que nos rêves partent rejoindre les rêves nomades.

Moujik

Les maîtresses de l'Ocean

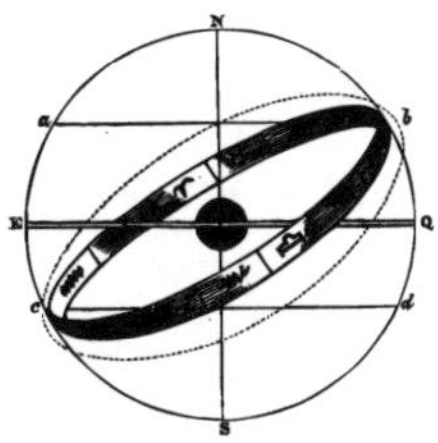

En route pour Aden. Dans l'obscurité un cargo nous aiguillonne de sa masse bourdonnante, vrillant un œil rouge et vert sur le voilier qui s'escampe fissa pour aller se cacher chez les loups. Au bout du chenal d'accès les bouées dansent la houle, nous contournons une meringue volcanique, le coin du môle Prince de Galles, puis faisons route sur l'île Flint, ça sent le fish & chips colonial roulé dans de la carte marine, lointain mélange de clippers à voile et de vapeurs. Steamer Point dissipe ses brumes quand nous mouillons sur fond de Yémen, à Tawahi.

Toï est à l'ancre ainsi qu'un voilier hollandais, le Toï, rouge d'impatience, devrait être loin dans l'Est, il a quitté Djibouti bien avant Oumâ, nous sommes perplexes. Á moins qu'ils n'aient encore trouvé de brûlantes arcanes entre les bras amoureux de filles d'Orient.

La baie est bourrée de navires qu'un va et vient de chalands bondés s'occupe à délester ou à charger, une meute de bateaux taxis jaunes débordant d'officiers et matelots, pétarade, frôlant tout ce qu'elle trouve sur l'eau. Les routes marines se croisent, puis se dispersent à la façon des grands ports.

Nous débarquons avec Moujik le chien. Sur le quai une décharge d'épouvante électrise la foule qui somnole entre terre et mer. Les femmes et les enfants d'abord détalent en hurlant pour s'engouffrer en grappe sous un portique, les hommes se mettent à courir en arrière, abandonnant des chaussures retournées sur le sol. J'attrape le pépère insouciant de ce tourbillon qui n'en finit plus d'arroser un lampadaire inespéré. Empilés à l'angle d'un mur des dizaines de quinquets angoissés nous surveillent, le douanier dilate sa pupille par le mince filet qu'il laisse à sa porte, nous forçant à palabrer longuement pour que nous puissions en découvrir plus de sa personne. Prudemment, il approche le trio infernal pour bredouiller les formalités. Pas terrible l'arrivée… C'est vrai que le Moumouje on ne sait pas par quel coté de l'imagination le prendre, ses longs poils lui pendouillant sur les yeux, seules une truffe noire posée sur une tranche de jambon rose lui font une tête.
Dans le carré de Toï, autour d'un thé, les nouvelles sont liquéfiantes à l'écoute du téléphone arabe, un débat passionné prend des allures de traité. Eric et Dominique ont des données renversantes sur les conditions de navigation à l'Est du golfe, là où la mer d'Arabie rencontre l'océan Indien. La colérique mousson de Sud-ouest, maîtresse extravagante, est arrivée tôt. Le voilier hollandais, effrayé de gigantesques murs liquides, en est revenu en volant avant de tout casser, un cargo super container a largué vingt de ses grosses boites en ferraille pour ne pas chavirer, il s'abrite derrière le cap de l'Éléphant à proximité de la corne d'Afrique, moteur en avant pour ne pas faire côte. Quelques jours laiteux plus tard, un imposant coureur du large, blessé, entre dans le havre, il y reviendra trois fois ses ailes déchirées, avant de disparaître. Là-bas la mer creuse formidablement, des vagues élevées à deux fois la hauteur de nos mâts, aussi droites, brisent sauvagement.

Alfred arrive sur Florès pour encaisser un coup de Belat- de la famille turbulente des Haboob et Khamsin, une onde de choc lancée à 75 nœuds dans un ciel incendié de carmin et de bronze. Les annexes s'envolent pour se fracasser sur les digues, les amarres des cargos cassent au rythme d'appels à l'aide lancés à la radio, le mouillage devient intenable. Nous embossons difficilement le Petit Oumâ sur une tonne libre à l'abri de la dérive des murs d'acier que de petits pousseurs fumants et bouillonnants s'époumonent à contenir. Florès dérape, passe à cinq mètres de notre bordé, une aussière vole, trop tard. Sur son pont incliné le solitaire a l'ultime instinct de larguer toute sa chaine, à un mètre du quai de l'épouvante le bateau s'arrête net.

Les marins ramènent leurs voiliers à Djibouti, certains y cherchant du travail, d'autres sautent dans un avion pour l'Europe. Nous restons à Aden où il fait moins chaud, où l'eau de source est bonne, à vouloir découvrir si l'Arabie est heureuse, espérant attraper des visions moins sombres que celles de Rimbaud qui s'y ennuyait.

Au terme de pourparlers avec l'immigration – le Yémen du Sud est piétiné par un régime communiste malade d'espionite aigüe, avec l'aval du capitaine de port, nous obtenons l'autorisation d'y séjourner deux mois le temps que la mousson s'estompe. Moujik, après avoir vidé les rues par son unique présence, devient la star incontournable des quartiers Ouest d'Aden. Il fascine les enfants, rassurés par leurs pères qui finalement ont estimé l'animal abordable, émerveillés de sa placidité, surtout de l'écoute qu'il nous accorde. Maintenant il traverse 100 fois la rue avec la marmaille, au son des " Alliouniva ! Assssi ! Alliouniva ! "

Il a vraiment du chien.

Habilement Dom trouve du travail à la bibliothèque de l'ambassade de France, la salle feutrée est tapissée de romans, nouvelles, d'albums, de contes d'Afrique et du Moyen-orient. Chaque matin elle saute dans la frénésie urbaine d'un vieux bus à l'écoute des mœurs populaires de la péninsule, elle a droit à son espion attitré qui a vite été repéré, toute ambassade où consulat a, ici comme ailleurs, ses vertiges de grandeur, ses cocktails suspicieux, une vie schématique somme toute inhibée, à l'inverse de celle du petit Oumâ qui seul au mouillage suscite des devinettes. Ce sera bien tant que la liberté est tolérée.

Á la proposition du capitaine de port je reprends de la paumelle et de l'aiguille pour un yacht australien dont le pavillon a cédé son orgueil à celui du yémen. Douloureusement appuyé contre un quai huileux de la darse de pêche, ses voiles percées de balles de mitrailleuses grondant la dernière révolution sont à rapiécer. Je déballe ma trousse de voilerie,

tâchant d'accorder ces ailes au vent, j'ai rebaptisé le navire (je connais un secret pour ça), je suis devenu le poinçonneur d'Elila.
La douceur des nuits à terre est interdite à nos laisser passer, mais pour quelques personnes attachantes rencontrées, nous annulons le respect de la clause. Le grand Jacques, enseignant dans un centre de formation professionnelle, passe souvent nous prendre en compagnie de Martine, nous nous mêlons à l'Arabie dans des balades fabuleuses, avalant des paysages aux couleurs et aux formes entrelacées de passé et de présent, marchant sur les rues musicales brunies du bétel, dans les souks éternels, goûtant des poissons et d'immenses galettes sortis du four en terre, servis sur des journaux chinois aux nouvelles bien grasses.
Une voiture MSF nous ramasse en stop pour une invitation à une fête à leur repaire sur la plage chaude d'un soir d'été, un besoin de mélodie, oublier un instant les malheurs qu'ils apaisent. Certains soirs nous nous dérobons par une basse porte, espérant revoir nos hôtes yéménites célébrant un mariage, d'autres nuits nous nous enfermons à l'arrière boutique de notre ami Abdullah occupé à brasser sa glace au caramel, le temps d'une réunion et d'un dîner animés, puis rentrons à l'heure défendue, tous feux éteints dans un taxi solitaire longeant des colonnes de chars russes sur une route aveugle tellement interdite, pour se faire tancer par le policier du port comme des gamins par le proviseur. Son âme humaine brûlant finalement les règlements inconséquents, le jeu dura deux mois.
Ce matin un cargo rouge et noir arrive, paradant le marteau croisé de la faucille sur sa cheminée cracheuse de noir. Dès l'apparition les guetteurs accourent, une queue interminable se forme à la porte du supermarché asséché, nul ne sait ce qu'il transporte dans ses flancs. En pleine course une femme attrape Dom par la main pour l'entraîner vers un peu de chance, des cubes de beurre se déversent sur les rayons squelettiques du magasin où un brouhaha remplace l'écho du vide, un stock de beurre gratis, balancé comme un tract de campagne électorale que les yéménites ramassent, et je frémis à la probable provenance de cette nourriture, surtout à sa possible teneur en becquerels. Le progrès a coutume de vider ses poubelles dans les pays dont il abuse.
Contrairement à Djibouti où supermarchés et épiceries croulent sous les

victuailles, où des mendiants malades et osseux meurent lentement à côté de belles voitures, le yéménite, en dépit de ses revenus chiches, s'attache à ne laisser personne affamé, exprimant compassion et miséricorde par une journée d'aumône hebdomadaire. Ça fait la différence entre l'avoir et l'être humain.
Au bout des rencontres et de la mousson furieuse, il y a le départ. Petit Oumâ quitte les racines de ce pays, il bourlingue au fond du golfe, d'autres voiles y palpent un vent d'automne léger et régulier, Obock n'a plus de Monfreid que sa vie racontée, sur les eaux de Tajoura courent les antennes établies des pêcheurs.

Le jusan commence. Les défenses s'écrasent contre le mur de pierres du bassin de carénage de Djibouti, la quille s'ensouille dans une vase épaisse. Algues et anatifes grattés, deux couches de peinture sous marine sont appliquées sur la carène en prévision de la traversée de l'océan Indien, par manque de choix les pinceaux se mettent à barbouiller du toxique. Eveillés des dangers de la chimie lourde pour ce véhicule de vie qu'est l'océan, nous espaçons désormais les carénages jusqu'à deux ans, transportons ou commandons des bases moins polluantes. Sur une île atlantique nous avons trouvé des gens dont l'effort tend à accorder une conscience au respect de la terre, et à un avenir peut-être moins toxique pour nos enfants, nous du nombre des marins modernes si loin de la lente évolution des riverains indigènes.
Le marché populaire Mahmoud Harbi est le lieu de rencontres ethniques, d'échanges et de magies. Les sacs craquant de fruits et de légumes nous entrons à la boutique d'un vieux chinois astucieux plein d'idées qui, j'imagine, vend ses idées au gramme et ses nids dix rondelles d'argent. Il présage de beaux rouleaux de printemps sur la route du soleil levant.

Un homme vacille, puis s'alourdit sur un muret du bord de mer, nous le soutenons jusqu'au rendez vous des marins, le bar panoramique qui fait apprécier la rade, la bière mousseuse et les conversations. L'effort va me valoir une bourlingue entre luxe et mouscaille.

Aux commandes d'un yacht à moteur long de plus de trois Oumâ, 32 mètres, 3 ponts, je manœuvre pour sortir ce monstre du port encombré. Le capitaine ramassé sur le bord de la houle, gît quasi inanimé dans sa cabine, une bactérie lui dévorant une jambe, l'apothicaire vient de l'assommer à coup de seringues au crédit du mercantilisme chimique. Deux matelots en pleine mutinerie boudent, seule la femme du moribond tend la main à mon ingénuité. Deux jours durant nous avions vainement fourragé à tenter de débusquer un officier qualifié, la serviette garantie de certitudes. Bernique ! Nous trouvâmes peu d'audace.
La mer d'automne tremble, le bateau bourdonne dans le clapot chargé de fûts de lubrifiants et de gas-oil solidement amarrés sur la plage arrière, les moteurs sont en symbiose avec leur capitaine, fatigués. Chaque vingt minutes ils réclament relâche, engloutissant trois litres d'huile, espérant tenir jusqu'aux ateliers mécaniques de Mombassa. Au milieu du golfe le 4X4 posé sur le deuxième pont amorce des va et vient préoccupants. Sans tarder il est arrimé avec câbles et ridoirs, cet indispensable instrument de navigation restera à bord. Le temps devient dur, le lourd navire tape de la coque, écumant comme un buffle, réveillant des alarmes stridentes qui envahissent l'océan. Aidé du matelot égyptien dont l'inquiétude efface la grimace mutine, je m'octroie une fouille complète du gros caprice. Les baignoires restent vides d'eau salée, la cave n'a pas mis d'eau dans son vin, la salle de cinéma n'affiche toujours pas les dents de la mer, le local radio ne déclenche aucun Mayday. Les fleurs du jardin s'hydratent d'eau douce distillée, et les tableaux de maître, dont le cadre suffirait à payer le voilier de mes rêves - mais je réalise tout à coup que je le tiens déjà, sont en place. Alors, sur le piano électrique nous jouons à quatre mains un air disjoncté pour taire ces hurlements intolérables.
Remonté à la passerelle je passe voir le capitaine pour signaler l'anecdote. Fiévreux, cerné de noir il demande si le boulot de second me va, je réponds que malgré mon état second ça ne va pas trop mal. Nous échangeons un langage franco-brésilien teinté d'humour, seulement l'odeur que dégage sa plaie n'est pas de bon augure. Le pressant de me confier la clef de l'armoire à pharmacie, le matelot se chargeant de la veille, je file au bureau du propriétaire. Champollion eut été à la peine pour déchiffrer le magma de mots amphigouriques, intouchables,

scientifiquement rangés dans l'obscur meuble hypocondriaque. Si j'y touche je tombe malade ! Quelques compresses inusitées aideront peut-être à momifier la jambe du pauvre homme, un seau d'eau de mer additionné d'eau de Javel ça pique plus fort qu'une aiguille, toutefois j'ai autrefois passé la qualification sur un pied m'appartenant, avec succès. L'énorme vedette entre dans l'océan Indien. L'île Socotra renvoie son écho sur l'écran du radar réglé en mode nuit, des dizaines de points verts fluos crépitent le long d'une ligne horizontale, signalant des embarcations de bois. L'obscurité est une alliée pour croiser à proximité de la Somalie où les pirates commencent à établir leur dessein, à l'image de cette barque insistante qui colle à un petit mille sur notre arrière tribord. Une paire d'heures plus loin le palais alléchant gronde à sa vitesse maximale, fait un trou à la lune, puis ouvre les eaux du Sud. La routine s'installe, bidons d'huile, gas-oil, refroidir les arbres d'hélice, veille, nous passons l'équateur bleu soleil assis dans les sofas du pont supérieur, le troisième, en compagnie d'un capitaine presque ressuscité, mieux vêtu de sa peau brésil. Mais sur cette affaire sophistiquée je me sens dépouillé de l'océan, je ne peux même pas toucher l'eau de la main, les chiffres, les aiguilles ont volé le regard des nuages et des oiseaux, le boucan est permanent. Petites usines fabricant des milles empressés comptés en dollars, on va vite faire sa course à la grande surface du large, sans trop voir la mer, et on rentre à ses affaires.

Pour l'occasion les nôtres ne prospèrent pas du tout. Fûts vides et cuves basses poussent à l'option risquée d'un avitaillement au port de Kismayo sur les rives Somaliennes. La nouvelle route longe une côte dont l'océan écume des terres arides, apparemment désertes. Sur la zone d'attente du chenal d'accès, après avoir reconnu l'île au Serpent, micro de la radio décroché, l'autorisation d'entrer est accordée sur le ton doucereux du méchant loup coiffé d'un bonnet de grand-mère. La Somalie, déchirée, est aux mains de seigneurs de guerre à la gâchette arrangeante, il va falloir être prudent, les tracas arrivant souvent en tas. La superstar - qui vient d'être rachetée à une rock star, débouche dans le bassin de commerce où seul un cargo bananier est à quai. Très vite des armes portant des hommes nous dirigent vers un mouillage isolé, un vent de panique mortifie l'équipage, sauf le matelot égyptien qui n'a pas l'air d'en être à

sa première révolution. L'ancre dégringole lourdement. Je persuade le capitaine de me prêter son costume à embrouilles, j'ai une expérience certaine de ce genre de situation pas rigolote, lui non, il faut savoir tirer avantage de ses handicaps. Sur ordre d'un soldat je débarque.
Arpentant le quai d'une allure raide et kakie, masqué de lunettes fumées, le colonel exhibe un air inspiré en écoutant mes doléances, après que je l'eus remercié de nous avoir autorisé l'accès au port. Il empeste le danger. Sa Hauteur exige 5000 dollars quotidiens assaisonnés d'interdiction de débarquer ni bouger durant cinq jours.

- No way Sir. Le navire ne nous appartient pas, nous donnerons ce que nous avons pour du gas-oil.

Déjà il repart en traînant sa folie, rappelant un autre héros, le nabot Léon. Sûrement le pas cadencé et la moue.
Á bord, la tribu ressoudée face à l'ennemi échafaude des délires, des évasions spectaculaires, raye la Somalie de la carte du monde, envoie des armées vengeresses. Mon sentiment est qu'il faut nous contenter d'être patients, et sans faire d'une mouche un éléphant, nous devrions à cette heure tous être dans une geôle minable, le beau bateau, pfuiiit ! Disparu!
Le lendemain du travail d'entretien occupe la matinée, l'après midi est consacrée au repos en musique, l'air faussement narquois. La guerre d'usure commence.
De derrière les hublots fumés nous observons aux jumelles ce cargo battant pavillon saoudien. Á la passerelle un homme et une femme, le teint clair coiffé de cheveux blonds, discutent autour de documents, cette nuit il va falloir se déguiser en courant d'air, aller au contact afin d'éventuellement finir moins idiots, cependant ce ne sera pas une plaisanterie insouciante. Etirant sa maigre carcasse, le mécanicien, qui manifestement à du mal à supporter ma présence à bord, prend feu à cette trouvaille aventureuse, grillant d'impatience d'y aller aussi. Au moins, si ça tourne au vinaigre de figues de barbarie, j'y aurai gagné un ami de fortune. John flaire les officiers du navire comme étant 'British', pairs chevaliers de son royaume, pourtant je ne vois pas le pavillon de circonstance.
Sous l'aile de corbeau de la nuit une annexe gonflable est déposée dans l'ombre du bateau. L'idée de nager jusqu'au quai fut refoulée par les

images obsédantes de requins croquant les victimes des combats, un cauchemar que nous n'avions pu faire reculer dans nos têtes. Ramant d'une main, allongés sur notre boudin, cœur à vif au moindre bruit, nous n'en menons pas large, regrettant presque cette invention tordue. L'annexe est cachée à un angle du bassin pour empoigner une échelle de fer scellée. Sur le quai, derrière une montagne de bananes, John et moi progressons à genoux, écoutant, jetant nos yeux alentour, personne ne claque du talon par ici. Falsifiés en bananas split nous filons à l'anglaise vers la coupée du cargo silencieux. L'irruption est accueillie d'un flegme très britannique, malgré que le commandant nous tire à la pénombre d'un couloir discret. On est mal barrés - un comble pour des marins, l'Angleterre vient d'introduire à voix basse une cargaison d'armes vers une faction rebelle rivale de nos hôtes (ce type m'a l'air plutôt bien renseigné...) et vu d'ici, éclatant sous le feu de poupe de notre problème à moteur, le pavillon britannique pendouille, au dessus du nom douteux de 'Static II'.
Va falloir trouver la bonne solution pour sortir de cette saleté.
Toujours personne autour du bassin, fesses serrées nous retrouvons l'annexe pour retourner à bord du yacht, côté clandestin. Á ce moment la seule évidence jouant en notre faveur est que les requins n'aiment pas les bananes. Sous peu le carburant va manquer aux générateurs, nous ne pourrons plus décoller de ce coin, et plus nous y traînerons pire le colonel aiguisera ses plans à notre égard. Jusqu'au lendemain c'est la déconfiture.
Soudain apparaît Sa Puissance Enervante marchant les mains croisées dans le dos. D'instinct je balance le dinghy à la mer, décidé à ramer vigoureusement sur lui, la crainte n'est plus à l'honneur, il faut tenter un coup de poker, sortir le joker. Distant, je tapote son épaule à chevrons pour raconter du bout d'un doigt la boule blanche posée au sommet du yacht maintenant plus très loin d'un naufrage.

- Ça sert à téléphoner partout dans le monde, des ambassades attendent une réponse rapide et favorable.
Tremblant, possédé par tous les révoltés de la terre, je ressaute sur mon boudin d'air, le laissant supputer quant à la nature d'une entrée en scène,

plus tout à fait moi-même. Mon papa est maître de la situation, c'est lui qui m'a appris cette niche le jour où je l'ai vu, d'un aplomb épouvantable, dégringoler un balaize de malabar qui voulait lui péter la gueule et la bagnole.

- Parrrce que tu crrrois que tu m'imprrressionne mon petit ?

Effectivement, le gaillard, ébranlé, plus très sûr de lui, est tout à coup apparu nerveux et nettement moins grand, au point de ne plus pouvoir ni trouver ni attraper les pédales de son auto, sa copine ayant du prendre le volant. Galvanisant !

Survolté, j'abandonne mon boniment à terre où l'insolent provocateur va peut être le ramasser.

Un tabac ! Au soir un camion citerne se range derrière la clôture ceinturant le port, ordre nous est donné d'accoster. Les colporteurs, impatients, attendent. Sitôt les aussières tournées le yacht est pris d'assaut d'un entrain enjoué et rieur. De longs Somalis couleur coton vif sautent sur le pont comme des antilopes, déballant des poudres aromatiques dont ils nous farcissent les narines, d'autres enduisent nos poignets d'onguents. Ils exhibent épées à pommeaux d'argent, bijoux clinquants, l'ambre, de tristes peaux de guépard, un fennec blanc prompt comme l'éclair, des serpents à s'enrouler et deux adorables singes aux yeux troublants, cependant il n'est pas question de cautionner le trafic braconnier. Les colliers s'échangent contre des dollars, transactions de valeurs culturelles de pays si contraires, poudres et onguents apportent des soupirs de Somalie. Ces sachets pliés sont de réelles boîtes savantes, il suffit d'en épanouir les pétales de papier pour que des parfums imagés vous emportent sur leurs terres, une forme enivrée du cinématographe. L'officier attend sa manne, narguant notre impatience avec un camion citerne mirobolant. Ben non ! Ce genre de personnage, cet outil pour phobique encostumé, m'énerve autant qu'un moustique au moment de m'endormir. Plutôt offrir ma paye à un gueux même s'il en fait un feu pour réchauffer sa nuit que de verser un seul picaillon à ce mal. Il importe de considérer le budget planétaire 'alloué' aux armes, pour savoir la dangereuse perversité de ses pourvoyeurs qui louent leur dieu à la mauvaise opportunité.

Du camion nous transvasons deux tonnes de pollution dans les cuves. Repartant sur l'océan j'ai conscience de m'être copieusement servi un bon morceau de Baraka, ce gisement salutaire, l'arbre à étoiles qu'une bourrasque à dégarni pour en mieux affermir les racines. Nous n'avons rien connu du pays des nomades de la myrrhe et de l'encens, ce sera définitif, la Somalie s'abimant dans un gouffre de guerres civiles qui va provoquer des exodes et de terribles famines.

'Static', qui mériterait un autre nom, arrive en vue des côtes du Kenya pour ancrer avec le soir au havre de Mombassa, devant les ateliers de Kilindini, moteurs coupés, il s'apaise. Sur recommandation express nous embarquons un chouf antivol chargé de surveiller ce supermarché sans caissière. Á l'heure du quart nous butons sur lui, endormi sur sa matraque, la plage arrière a été récurée par une équipe de nuit, du bon boulot, discret et sérieux. Fûts, bouées, fleurs, cordages, ils se sont occupés de tout, n'abandonnant qu'une maigre perche liée à un gros hameçon, suspendue au balcon arrière. Bravo les gars ! Vous avez le sens du partage ! Un constat qu'il faut savoir accepter lorsqu'on se promène le long de la misère; et honnêtement, je ne leur en veux pas plus qu'à ceux qui bientôt vont marauder l'annexe de notre voilier, ils ont été plus malins, voilà tout.

Au long de deux journées étirées de nuits, je goûte à pleine vie la grâce de Mombassa, du musée des voiliers antiques à bordés de bois cousus de cordages - les marins n'utilisant pas le cloutage, certains qu'un magnétisme attirerait le métal vers le fond de l'océan, aux ateliers de charpente navale de Makupa, lanternant dans les échoppes, dans les bars, je poursuis l'essentiel trait d'union de la ville, la musique mêlée à l'air, elle barcarole, éclate aux portes ou descend des bus, elle redessine les murs, portant la foule qui salue des Jambos ! dansés. C'est frais, joyeux, ça picote agréablement.
De retour à bord Paolo et Maria me proposent le poste de second à la poursuite de leur croisière, les propriétaires, bientôt là, ont donné leur accord. Prudent j'ai déjà réservé mon billet pour les nuages, une blonde aux yeux pleins d'îles m'attend sur son voilier.

Le coucou à hélice contourne de majestueux cumulus blancs dont l'ombre court sur les hardes de zèbres et d'éléphants, au loin sur l'Afrique splendide, le mont Uhuru touche le ciel d'un dessin de Saint Exupery. Une nuit à Nairobi dans un immense lit à baldaquin autour duquel se pressent mes sujets de souvenirs, avant de retourner dans le ciel, vers Addis Abeba, après une panne au bureau des douanes, soupçonné de trafic de devises pour avoir fourré un salaire de débauche dans ma culotte.

Je mènerai mon enfant
Partout où je n'ai pas été
Avec lui partout sur du marbre blanc
Dans les palais d'Orient
Je rirai aux gens de couleur
Et aussi sous le soleil clair
Qui éclaire la terre...
Pour ceux qui n'ont jamais pu faire
Tout ce que j'ai fait
Pour ceux qui n'ont pas vu
Tout ce que j'ai vu

Paul Eluard

L'automne, puis le début d'hiver ont été durs, les travaux sont achevés. Vieux bateau de bois navigue, des gréements sont dressés, des voiles soignées, notre artisanat est vendu, de l'aube à dix heures, puis du soir à la nuit pour ne pas se faire pomper et dessécher par les soleils.
P'tit Oumâ le répétait depuis une poignée de mois : si vous voulez encore de la mer, faut y aller ! Les fins de semaine étaient jalonnées de courtes navigations aux îles, nous étions de vieux souvenirs à aérer de temps en temps. Alors le voilier fut rempli jusque dans ses moindres recoins, les voiles ont regrimpé à leur mât pour partir gratter la lune penchée à rouler dans les ciels du Sud.

Florès, nanti d'équipiers, et Oumâ, font des ratures, hésitant devant l'encrier des îles Musha. Par le Nord ou par le Sud ? Où tremper la plume du journal de bord ? Ce sera le Sud comme à vent propos…
Il fait nuit, le vent n'a plus de couleur ni de voix, juste un soupir d'exaspération paresseuse. Nous écoutons ce qu'il décide de notre allure, de nos penchants pour lui, jusqu'à Aden il restera endormi et contagieux.
D'une chaude matinée le ciel resplendit, mais diable ! L'obscurité ne se défait plus du flanc des voiliers, marqués de la nappe crachée par un cargo de la Compagnie des mers à l'agonie, noir sillage du commandant Bizness, un homme sérieux et compétent ! Il nous volera une journée à nettoyer. Un jour ça n'est pas grand chose, ou c'est beaucoup selon ce que l'on en fait. Mais les oiseaux, les rives, l'eau ? Des vies pour un sale négoce. Pourquoi s'en soucierait-il ? Ça vaut pas un rond ces conneries là !
Aden. Ferveur du Yémen pour deux jours d'avitaillement. C'est la fête en ville, Moujik est revenu. Les retrouvailles se font intenses car elles seront brèves, sur le quai les amis lancent des adieux, moments porteurs de spleen. La tristesse embarque en passager clandestin, à la sortie du chenal elle se cache dans l'album photo où elle s'assagira pour devenir un souvenir.
Dans des effluves de mousson de Nord-est les voiliers montent sur une houle à reflets orangés. Chargé comme un grison montagnard petit Oumâ se plaint du clapot dressé en travers de son effort, il souffle, de la neige aux hanches. Un marin est tenu de savoir tout faire, y compris pousser son âne. Un solide cordage capelé sur le mât est étarqué au guindeau, il s'attribue un rôle d'étai, habillé d'un foc supplémentaire le bateau prend de la puissance, se met à trottiner bon plein contre le vent sous quatre voiles, la chenille s'est métamorphosée en papillon. Sortir du golfe d'Aden à la saison hivernale n'a jamais été une sinécure, 600 milles au près accrochés au meilleur cap durant des jours, cramponnés à Gardafui, corne d'Afrique qui enverra les voiliers dans l'océan Indien. Nous pêchons, mangeons sainement et surveillons les cargos.

Coup de chien

Deux jours tissés de bords depuis Aden, le Nord-est rentre en force, s'énerve entre la Somalie et le Yémen, la mousson nous passe un savon, levant une mer forte et déferlante toute la nuit. Le voilier alourdi aime le vent établi, il serre ses ailes, mais le courant allant vers le fond du golfe nous fait tirer des bords carrés. Escaladant des montagnes noires pour retomber dans des vides, le bateau se fait copieusement tancer par le grondement de crêtes. Au chant de la mouette nous approchons une côte où s'achève un basculement de plateaux tavelés de cratères, un cap y enrage, celui du chien, le Ras El Caleb. Impressionnés par ce cerbère gardien du seuil nous allons plein Nord, vers l'île Barraqah derrière laquelle le ras Maqdaha défend un splendide abri providentiel. Sur une barque basse u approchent un homme son fils, leurs robes claquant de bourrasques bleues ils guident Oumâ vers une eau calme au pied d'une tour de guet solitaire empreinte de guerres anciennes, les dauphins cabriolent, une drôle de sensation se communique, une bouffée de bonheur, ils semblent heureux de notre sort.

La méridienne du pirate

À la porte de l'océan Indien des pirates montent ou descendent le long des méridiens comme à des cordages grappinés aux ponts des navires, il ne fait pas bon croiser leurs chemins ni leurs chasses. De solides bougres à l'œil sévère naviguent entre l'Afrique et la Péninsule arabique, leurs barques chargées d'esclaves ou d'armes, pillant à coups de hasard, ou mandatés par une information venue d'un port. Le larcin ne traîne pas. Le temps qu'il faut aux victimes pour redouter ce qui arrive, ils ont filé les paniers pleins de dollars, montres, appareils photos, radios, panneaux solaires, idem les moteurs hors bords, persuasifs d'arguments imparables : une rafale déchirant l'air ou le gréement, ou perçant la coque, suivie d'un abordage musclé. Quelques 200 voiliers ou cargos ont ainsi renoué avec les lectures de Mac'Orlan. Les tire-laines, rapides, la témérité opportune, n'ont rien à perdre et tout à gagner. Pour les voyageurs deux chances à saisir, tenter la bonne fortune ou se joindre au mauvais temps, en écumer le golfe en silence, sous cape, feux, radios et signaux éteints pour ce que ces forbans préfèrent l'horizon dégagé d'une mer belle sur leurs embarcations non pontées. Quant aux traversées en chapelle les tentations n'en seront que plus fortes, la quête plus généreuse. Ecrire les doigts croisés est laborieux mais possible, je le fais aux souvenirs de nos voyages dans ces contrées, cinq traversées sur ces eaux, de pirates en vue, point. Mais là où aujourd'hui le petit Keragan se tient à l'abri du gros temps, il va y avoir du grabuge. Á une heure de voile, Bir Ali est devenu un repaire de pillards, alors on peut éventuellement se demander pourquoi. Parce que l'occasion est trop belle. Ces voiliers qui passent sous les yeux de riverains grandis dans les famines, les colonisations et les révolutions, sont d'incontestables appâts, non moins qu'un tourisme exhibant des liasses de billets ou des balancements d'appareils photos valant le labeur d'une vie de tout un village, souvent de plusieurs. Pour mieux percevoir cette réalité on doit se souvenir des côtes embrumées d'Angleterre ou de France fourbies de feux qui trompaient les vigies, des naufrageurs tout aussi affamés et révoltés.

Il est désormais impensable de flâner des côtes de Somalie à celles du Sud Yémen sans risquer une rencontre avec la piraterie.

Al Mukalla. Port du massif montagneux des hautes vallées de l'Hadhramawt où se dressent des siècles d'architectures aériennes, éminences de pisé et de bois peints, envolées fièrement isolées sur les crêtes et les pitons, ou rassemblements en villages sur les flancs austères. Au large de la rade nous mettons en panne dans le crépuscule, l'atterrage sera plus franc à la lumière. Plus de vent. Une grosse houle nous roule durement par le travers, claquant les drisses sur le mât, entraînant les estomacs sur une escarpolette. La cambuse est fermée.

Appuyée à une cambrure de la côte dans les érosions du Djabal Al-Qara, Al Mukalla, ville à l'aura blanche, ouvre sur les saisons ses milliers de fenêtres. En cette fin d'hiver elle regarde les proues élancées des sanbuqs et des dhows de fort tonnage qui frètent des billes de bois résineux, leurs cales moutonnant les eaux de la mer d'Arabie jusqu'au golfe d'Aden, et de l'Inde à l'Afrique, assidues au cycle des moussons. Au bord de cette baie d'Orient, leurs étraves sculptées poursuivent les traversées océaniques de jadis.

Le calme endort les ruelles, puis l'on rencontre l'effervescence entre des murs d'ombres blanches, fief des princes heureux qui galopent vers nous en bandes criardes, jouant des pantomimes ou décochant des propos à sourire. Les bourricots comme les chèvres sont autant intéressés par l'exotisme qui passe. La cité aux fortins et palais prétend à la conservation du berceau culturel religieux d'un royaume où la lumière naquit pour

rayonner sur le Moyen-orient. Sentinelles consacrées, les femmes desservent les coutumes, passant sous des voiles noirs ou rouges, “le miroir de l’âme brodé d’or, l’œil du cœur, éternel présent si mémorable que des voyageurs façonnés par les longues routes prétendent que nulle part ailleurs on ne trouve d’yeux aussi éblouissants, de soleils plus flamboyants.”
Les hautes portes de bois résineux, ciselées d’ornements en boucles, s’ouvrent à un accueil chaleureux et bienveillant. Voitures, motos et sûrement la télévision, sont la marque d’un siècle plus prosaïque, le climat est heureux sous ce ciel du Levant, le temps est délié.
Le quartier des forgerons, émanation d’une sombre force, est craintivement tenu à l’écart. Matins et soirs nous longeons ces ateliers habités de lucifers assis sur leurs talons d’étincelles, genoux soudés aux épaules ils triturent les foyers ou bien martèlent les fers torturés, hors d’atteinte.
Au restaurant sobre on prend de la vigueur avant la traversée. Le serveur d’ici avait poussé un désir d’escapade jusqu’à Paris pour y tenter sa chance, en revenant rapidement, saisi par l’intuition que ses bastides sont plus épanouies. Il suffit de voir sa tête. Il a tout de même ramené une manie, appelez le : Garrssonn ! en claquant un r théâtral.
Vouloir parcourir librement les hautes vallées paysannes où se cultivent le café et le tabac est une sollicitation qui a peu à envier à la quête du mouton à cinq pattes. Coup de chance, après deux jours d’insistes l’autorisation inespérée est délivrée aux équipages de Florès et Oumâ. Horaires de bus en poche nous retrouvons le quai pour rester à converser avec les dockers, des gaillards drôlement costauds qui prennent les grumes pour des allumettes.
Nous mangerons notre billet. Dès le soir une houle formée fourrage la baie, s’installe pour la semaine, brusquant les bateaux, croquant les digues et les quais, tirant des rideaux de mousse devant la ville, les annexes sont rejetées à la mer lors d’une tentative de débarquement, nous renvoyant rincés vers les voiliers pour une course de baignoires pleines. L’idée séduisante d’amarrer Oumâ et Florès dans le port est abandonnée, ça n’est pour l’instant qu’une ébauche de havre plein d’un cargo, de dhows, de sanbuqs et d’aussières sillonnant l’air.

Renouveau

Sur l'océan nous ne pensons plus, nous allons. Á trop réfléchir on perd ses rêves qui s'envolent, déçus de s'être trompés de compagnons. Et puis la mousson sèche va bientôt taire son chant d'Asie, alors les voiles n'auront plus rien à écouter.

P'tit Oumâ s'évanouit des côtes du Yémen pour sa première traversée océanique. La route passera entre le cap Gardafui et l'île Abd al Kuri proche de Socotra, Alfred tourne l'étrave à l'Est pour les contourner. La mer d'Arabie languit lourde et lisse, frôlée d'une brise légère qui tire le voilier sur un mois de mars clément dépareil au tintamarre d'octobre d'un gros yacht. Dans l'air sec des cargos émergent d'un banc de brume, précisant les routes distantes, la veille s'organise, attentive le jour, constante la nuit. Au Sud de l'île parsemée de dragonniers et d'arbres à encens, nous prévoyons du vent, il sera au rendez-vous, s'élançant souvent des sommets pour une rencontre brutale. Sous les îles Samha et Darsa, à voir la manière qu'a le couchant de peindre l'océan Indien, la nuit promet d'être guerrière. L'aiguille du baromètre n'oscille pas, se gardant de nous mettre trop de pression avant la réunion houleuse à laquelle nous nous rendons. Grand vent se présente, joues gonflées

soufflant 35 nœuds qui turbulent le courant de mousson Indienne, la mer emportée gronde, le voilier bondit, se dépêchant d'en finir avec une discussion orageuse désordonnée. Un tam-tam africain joue son dernier message sur la coque, nous virons plein Est, cap pour les Maldives.
La nuit, occupé à régler la barre automatique, un malaise tire mon regard vers l'arrière. Une sombre masse arrive à toute berzingue, un cargo va écrabouiller le voyage, dévaster les rêves! Drosses de barre et écoutes larguées à la volée la coque détale en relevant sa jupe, ce coup là il n'aurait fallu qu'un moment de plus, alors salut à tous, c'était le branle-bas. Comment se fait-il que je n'aie vu ses feux, qu'il n'ait aperçu le nôtre ou lu un écho sur son écran radar ?

Sur l'océan la vie s'étire, le temps resté à terre revient parfois à l'escale, j'ai du traîner à une pensée ou à une bricole. Á portée de frousse un mur noir, muet, défile dans le fracas des lames, poursuivant sa route jusqu'à montrer son derrière obèse jauni d'une lumière blafarde qui va un train d'enfer. Au même moment Florès essuie une sévère tempête de sable près de la côte omani, nous le découvrirons en comparant les journaux de bord. Si je ne croyais qu'au hasard je dirais que c'en est un drôle, pour user de l'expression. En un sens je n'y adhère pas, écoutant ce 'drôle' qui mène la danse et soulève de l'intérêt.

Hier il y avait des grains de terre, ils ont disparu, sans drame, sans cris, des fontaines claires s'ouvrent, une qualité impalpable emplit l'air au chuintement qui renaît, les voiles reçoivent un peu de mousson, les jours penchent du bon côté, le chien s'octroie la couchette sous le vent, le chat s'étale dans le rideau hamac du capot de pont, nous commençons à mélanger les nuits de soleils, les jours d'étoiles, la mer au ciel.

Au ciel d'un soir d'hiver brille une étoile
Un rêve monte sur le fil d'argent
Jusqu'à son étoile
Et monte
Sur le mont étoile
Ouvre ses toiles

Et peint
Il peint étoiles et lunes
Les jette dans l'univers
Qui s'émerveille
Il sème merveilles
Et lunes hiver
Se penche pour voir ses étoiles
Et tombe
Tombe dans la lune
Un rêveur…
La lune n'est qu'un croissant
Il la mouille à son café
Boit une tasse
Et tombe
Dans le cockpit
Et tombe à la mer
S'en va en nageant
Monte sur un fil argent
Et recommence

Le Keragan entre dans un pays nu, il attend. Les oiseaux sont partis, le dernier s'est dissout, envolé vers les îles passées après un battement de palmes tapageur. Vide, silence. Le spi rituel est hissé pour appeler des souffles. C'est fou ce que l'on croit à ces dialogues lorsque l'on est si concerné par le destin. Ils arrivent, caressant l'eau et les corps, élevant notre bulle qui tire le bateau vers l'archipel des Seychelles, pas d'inquiétude, nous avons tout un océan pour retrouver le chemin. Á l'aurore la grand-voile et le génois rencontrent le ciel d'Asie, 12 à 18 nœuds de mousson qui ne nous lâcheront plus durant 12 jours, 12 jours bon plein à ne plus toucher aux réglages, à les considérer chaque matin, chaque soir. Un matin la mer se couvre de tumultes tandis que nous nous

baladons dans nos bouquins. Aussitôt debout, nous en demandons la raison. Le courant que remonte le voilier, régulier sous ces latitudes, va s'appuyer sur l'Afrique, puis revient à l'Est, racontant aux marins que désormais il s'appelle contre courant équatorial, les marins estimant sa puissance tranquille.
Des Dauphins ! Des milliers de dauphins ! Cabriolant, éclatants d'océan et de soleil soulèvent des écumes, pirouettent, crient, le bouleversement est inouï, on en rit, on en pleure. Comment ces petits mammifères communs peuvent-ils rendre si heureux ? Ils partagent cette après midi de félicité océane avec le petit bateau trouvé sur la route, l'océan se couvre de chance à s'en noyer les yeux.
Votre attention Madame, votre attention Monsieur, le petit dauphin va vous exécuter trois cabrioles dans le soleil parce que la vie est belle, mieux, ils feront ça à trois. Hop ! Tourne, tourne, tourne et splatch !! Dominique siffle et claque des mains, je la regarde. Le chien et le chat, devenus fous, sont penchés hors du liston, pattes avant battant l'air perlé de gouttelettes, deux femelles nagent à l'envers, leur ventre, effleuré à la carène, s'accoquine du p'tit Oumâ, y prenant un plaisir troublant. Un bébé revient sans cesse se placer sous le vent, impatient de se faire éjecter dans les airs par le bec d'un gros joueur l'initiant à l'art et à l'ivresse des pirouettes. La vie est émouvante.
Les pétrels bruns du large rasent les vallons de leur ailes longtemps étendues, des visages mêlés de rondeurs animales voyagent en nuages, formidables cumulus éphémères épanouis du beau temps, infiniment métamorphosés. Le bleu nuit s'irradie de rouge orangé promis, rouge couchant soleil le vent. Dans le feu du soir nous croisons un sloop sur une route Nord-ouest, mais aucun signe de vie sur ce pont tandis que les dernières lignes de pêches sont ramenées à bord, espadons et marlins cassent tout, le dernier, énorme reflet d'ardoise bleutée, a fait une razzia en bondissant d'irritation.

La fontaine des devinettes

Il se passe des choses d'importance à bord. Troublés à l'idée de retrouver la terre, nous sommes inquiets. Cette coque que nous avons aménagée et équipée se remet à vibrer, nous soupçonnons l'architecte, ou bien Gildas qui en bâtit l'ossature, ou nous même, d'y avoir mis la quête à l'enchantement, n'éprouvons le besoin de dormir que trois ou quatre heures par cycle circadien, nous rêvons éveillés en pleine forme morale, itou le physique. Il serait facile de dire que nous marchons à côté de nos bottes, les pieds aussi nus que le reste sur ces longs milles d'où nous admirons la Croix du Sud dans les milliards d'étoiles de l'océan cosmique. Que nenni ! Des amis viennent s'asseoir dans le cockpit ou dans le carré, nous parlons sans les mots, en silence, de façon cordiale et familière, échangeant beaucoup d'impressions. Ils viennent ou s'envolent quand ils veulent, ça n'a rien de stupéfiant car nous n'en consommons pas, pleinement satisfaits de nos bols d'iode. Quant à l'alcool, beurk ! ça rend malade. Sans doute ces amis nous manquent, tant de choses à dire, un univers à partager. Des rayonnements, jamais je ne les avais sentis si présents, accompagnent aussi notre traversée, éblouissants de caractère, de mise, ou de propos de visiteurs du soir, des rencontres qui s'estiment, il ne sert à rien de les

galvauder, peut-être un jour voudrais-je les dire. L'existence offre de multiples portes sous les ciels accessibles, nous prétendons que de bonnes âmes aident au voyage.
Soucis métaphysiques ? Point. Le sentiment de fréquenter des routes heureuses, les graines premières renaissent.
L'humanité projette, interprète ses archétypes en murs pour abris, en armes à combattre la peur, bateaux vers d'autres rives, avions pour voler, ou bien dans les arts, à mieux pénétrer les modèles. Pourtant elle ne pourra rien changer du souffle des origines. Après bien des rencontres nous pouvons discerner l'authenticité d'esprit au sein d'anciennes cultures fidèles à la source. La terre est en évolution permanente, l'homme aussi, à l'évidence l'avenir portera de surprenantes nouvelles. Nos explorateurs ramenèrent des mythes incompris, puis maltraités, qu'ils bricolèrent en chimères. Penser qu'un seul être puisse s'isoler de la genèse semble hasardeux.

Le voilier vire au Nord-est dans un air dissipé, le monde change de bord, les lumière et les ombres dessinent un nouvel habitacle au terme d'une gîte de 12 soleils bâbord amures, provoquant cette démarche qui invite à une rééducation des équilibres physiques. Les oiseaux repartent frôler le large, assis sur les barres de flèches, nous apercevons les premiers cocotiers sortis de la houle.
Sous des grains d'orages, à la lisière de l'atoll Ari, la route est maintenue sous grand voile seule, les îles sont basses, certaines, déjà englouties, sont signalées sur la carte en pointillés. Les nuées opaques déconseillent à tenter de franchir la passe corallienne de Gaha Faru d'où nous aurions aimé découvrir l'archipel des Maldives, cette nuit le bateau est déshabillé, à sec de toile il dérive en eaux profondes, descendant lentement le chenal Kardiva.

Malé salée

Mouillage par 48 mètres, tout y passe, ancre, chaîne et cablot, 100 mètres de miséricorde. Quatre voiliers sont accrochés là, dont un avec qui nous mélangerons bientôt notre voyage. La question des formalités douanières est vite réglée, l'administration se mettant à transpirer abondemment, les yeux rivés sur quatre pattes trimballant une toison paille pleine de sel. Ventre à terre elle ressaute sur son canote, sans l'obligé qui a bien failli s'incruster dans la cloison des toilettes sous le regard désarmant du Moujik en quête de mamours exotiques.
Coup de vent au mouillage. La tête encore au large à rabanter les voiles et à ranger le pont - il a été convenu que l'atterrage se fera en douceur, le vent s'établit avec force, faisant claquer les pavillons et courir les marins sur les ponts. La goélette jaune qui déclare sa fleur de lys blanche et bleue, dérape à l'instant où son équipage arrive, agglutiné dans l'annexe, pas inquiet. Un coup d'oeil vers l'arrière, les enrochements de la digue ne sont ni trop près ni très loin, c'est parti pour la cérémonie. Papa à l'étrave, maman, la fille aînée, le garçon et la petite dernière à la queue leu leu, empoignent la chaîne en cadence, tandis que la jumelle du bout d'chou, debout sur le banc de barre, fait valser le safran et l'hélice.

Á l'époque des grands voiliers les équipages déhalaient les mouillages comme ça, crochetant la ligne, la manœuvre s'appelle 'Faire Marguerite'. Á voir la manière Fleur de Lys, le bon temps de la voile n'est pas révolu, ça sent le flot qui fend les longs milles, cette harmonie familiale à quelque chose d'attendrissant en tout cas de racoleur, de magnétique.
Nous voici donc aux îles Maldives. N'y allez pas ! Avait mis en garde un voilier croisé mieux à son affaire derrière les barbelés des marinas. Mais l'équipage de Oumâ aime à toucher du doigt, pire, du cœur, pour apprécier. Les Indiens de ces îles provoqueront notre regret de ne pas y avoir débarqué plus tôt, eux qui dans moins de cent ans auront vu neuf degrés de latitude étincelants de corail submergés par les eaux de tempêtes du Global Warming qui éprouve son clone, le Global Warning. Le point culminant de ces îles se situe à cinq mètres au dessus de l'océan. Ici on écoute un anglais nasal débité en saccades rapides, on y répond à la vitesse de croisière des voiliers, mais tout le monde se comprend. Près de la mosquée à minaret blanc que coiffe une coupole dorée, nous nous attablons à l'atmosphère amicale d'un restaurant n'ayant rien du boui boui chiche, coca, orange crush, seven up vantent, entre les lignes, les mérites du diabète ou de la carie dentaire, aussi nous comprenons pourquoi les tables sont si grandes : une trentaine de bols, remplis de sauces variées joliment coloriées pour la décoration d'un poulet curry, transforment le repas en séance d'atelier de peinture au goût épicé du jour.

Appuyés sur le vent de la digue nous devinons l'aura océane que transporte Florès. Une voile arrivée du large reste un éternel équilibre habile, délicat, de la mer à la terre. Il va dévider toute sa bride pour accrocher le grand fond.
Notre annexe ressemble à celle du marchand de bidons à l'accostage entre les barques maldiviennes où un peuple de mer s'affaire à embarquer, bourrer cales et ponts, débarquer des caisses de poisson ou manger autour d'un feu sous des bâches noircies du fumet. La vie de ces êtres aquatiques au verbe haut se regarde comme un prolongement de leurs bateaux, ils ne se transportent que rarement à terre. En quête du Château La Pompe local, débité par l'usine de déssalinisation, un homme

attrape nos jerrycans, autorisant le franchissement à mur d'enceinte blanchi de chaux, sous les arbres frais gazouille le filet argentin d'une fontaine, là où la ferveur vient se prévenir d'ablutions, pour l'instant la mosquée est silencieuse, nous avons du temps à remplir les nourrices. Bientôt l'équateur.
No possibeul ! Le droit à la pratique vagabonde de l'archipel est refusé. Á la porte du bureau d'immigration, capitaines et matelots sont un peu dépités… un peu seulement, car ceci dit nos capots laissent entrevoir une bonne fable, celle du rentre dedans, l'immanquable coup de la panne moteur des belles occasions. Cap sur le collier de perles, nous plongerons dans le flot du corsages des îles, de beaux soucis d'admission en perspective. La carène pousse déjà le large lorsque le tambour de l'enrouleur se bloque, bourré de sables de mer Rouge amalgamés de pluies; demi tour vers le mouillage, en quelques heures la pièce est démontée, purgée, rincée, graissée. Remise en route dans un vent assez fort au moment où la goélette jaune franchit la passe du lagon.
Depuis une semaine nous fusionnons les éléments avec la V'limeuse, chaleur toute québécoise propice aux rencontres à ne surtout pas manquer. Karl et Dominique courent les mers avec leurs enfants Evangeline, Damien et Noémie jumelle de Sandrine, vocabulaire digne de leur grand Nord, prêts dès l'aube comme des trappeurs à la recherche de nourritures multiples. Des îles Maldives aux îles Chagos les oursons vont s'égayer sur les voiliers, y mettant beaucoup d'entrain.
Plongées, histoires autour des feux de bois flottés, la vie des voiliers, la vie pleine, bondée, bourrée, comblée, remplie, la vie aux amateurs, aux professionnels ruinés, rien ne s'achète, tout se donne.
La bourlingue, accompagnée d'un roulis de Noroît, nous envoie sur les premiers degrés de l'hémisphère boréal. L'océan se ploie en vallées profondes que les voiliers dévalent pour remonter attraper le vent, brisant des bancs de poissons ailés qui volent en éclats de lumières. Dans l'Ouest, les atolls Felidhe et Mulaku n'apparaissent plus, nous avons mis une distance tranquille entre le récif et le soir. Au cœur de la nuit, sous un ciel d'orage ourlé de mince horizon luminescent, la V'limeuse surgit d'un éclair pour apercevoir, à quelques mètres, Oumâ qui navigant sous les flashes. Les deux ris de la grand voile et le foc sont inutiles depuis

que le soleil a atteint le zénith, une houle de baleine, envoyée par la formation tardive d'un cyclone loin dans le Sud-ouest, noie nos routes au fond de précipices. Il est temps nous éclipser, de nous couvrir de verdure. Au dessus d'un socle dur, la passe claire coupe l'anneau turquoise de l'atoll Suvadiva, vers une cache entre des îlots protégés d'un rideau de cocotiers, nos aussières à tourner sur les troncs.

Requins marauds

L'accore plonge sur des versants de polypes branchiformes, les sondes sont à considérer, 30 mètres en moyenne près du rivage. Aux îles Maldives l'océan Indien est limpide, sa transparence découvre de profonds, de lointains détails qui se seraient perdus ailleurs. Etincelles distantes, étoiles de mer écarlates, des nuages de poissons anges bariolés semblant à portée, pourtant il ne faut pas lésiner des palmes pour les rejoindre. On peut aussi considérer la vadrouille de requins, une murène panthère enfoncée dans son épave, ou les langoustes vert pâle poussant leurs antennes sur le palier de cavernes, bref on est rassurés, enchantés d'avoir de bons yeux.
Assis dans l'eau du bord du tombant, baignés de mer jusqu'aux aisselles les équipages observent la chasse. Un gros mérou vient d'être tiré par Karl, tout le monde se frotte déjà le ventre et pense à une bonne recette. Queue de poisson, il se décroche pour filer en tournoyant vers le fond, s'enfile entre les branches de corail, puis disparaît à 20 mètres sous nos tubas. Damien se propose de descendre avec moi pour surveiller les squales. Damien, à 12 ans, quand il enlève sa casquette crocodile c'est un signe, l'aventure marine approche à grandes brasses. La pêche a sauvé son voyage, elle a fait un pied de nez au mal de mer qui dû lâcher prise.

Souvent nous partons ensemble attraper le repas des voiliers, il adore l'eau, c'est déjà un sacré petit homme, un bon pêcheur dont les lignes sont toujours prêtes.
Au moment de sonder, une bande de marauds à pointes blanches arrive, dents affûtées, s'immobilise quelques secondes puis tourne nerveusement en palpant le fond du bout du nez, suivie de traînards qui se mêlent à l'excitation. Il va y avoir du vilain là dessous…Nous protégeons mutuellement nos abords pour rejoindre dare-dare le banc de l'arène. Les Ho! Ha! Heu là! Soutiennent le spectacle lorsqu'un puissant requin gris éparpille le gang, atomise le corail et gobe les trois

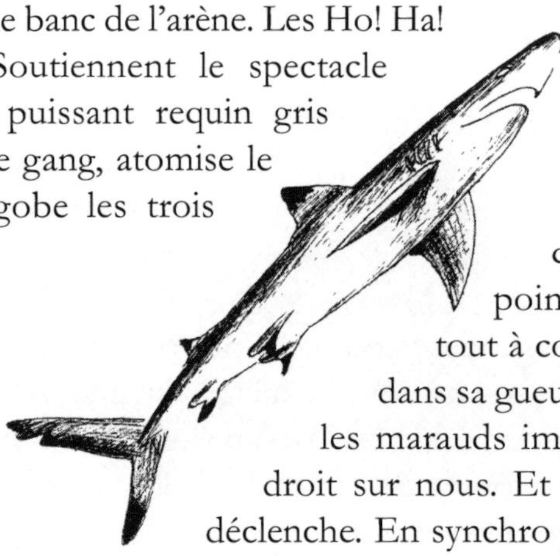

quarts du mérou. Un pointe blanche, semblant tout à coup maigrichon, attrape dans sa gueule la tête, poursuivit par les marauds impatients, ils remontent droit sur nous. Et là un drôle de truc se déclenche. En synchro parfaite la brochette de spectateur s'élève au dessus de la mer avec l'énergie brusque d'un ressort aux fesses, rentre les orteils, jurant des Criss ! les requins, surpris par ce bouillon, lâchent le morceau pour détaler au fond du lagon, nous récupérons le caberlot imprévisiblement déposé à nos pieds. Mis au menu de la communauté nous en ferons une bonne soupe.
Les souvenirs ne sont qu'abondantes escapades au long de ce bout de chemin aux cotés d'un drôle de voilier jaune comme un citron frais, et je sais que bien d'autres voyageurs soutiennent l'affirmation.

Au puits d'une eau saumâtre nous tirons nos chaudières québécoises - nos seaux à eau - dans la cocoteraie tissée de cordages, sous les palmes qu'un grand frais agite.

LIVRE II

Equateur

Equateur, cercle imaginaire

Addu atoll. Aux fenêtres de bois d'une maison à lambrequins tempérée de l'ombre des grands arbres, une goélette et un petit cotre prennent des airs de paresse. Penser qu'ils y sommeillent serait ne pas croire au Père La Ligne, à l'intérieur des coques l'excitation est lâchée, nous avons quitté Suvadiva, derniers jours en hémisphère Nord, l'équateur est franchi.

Sur le pont de son voilier
Une reine rêve
Chaque soleil
Année nouvelle
Aube en juin
Midi en octobre
Décembre pour s'étendre
Sur la mer ronde et bleue
Des enfants peignent
Des bulles d'eau de terre et de feu
Approchez approchez !
Venez voir les rêves de la reine
Raies alizées
Nuits thé bleu de chine
Jours nés dans les étoiles
Sur le pont de son voilier
Venus de félicité
Se tiennent les gardiens des saisons
Le roi de l'hiver réveille ses embellies
Le roi du printemps en or fragile
Le roi de l'été en bourrasques
Celui de l'automne aux sacrements
Venez voir les rêves de la reine équatoriale
Qui verse ses imaginaires

Emportés par le courant océanique nous allons Sud après avoir embarqué les souvenirs que les gabelous de Addu nous ont portés : De 200 ellipses de fesses de poules, d'œufs pour cent sont consommables, quatre œufs partagés en huit. Pauvres boules de plumes qui se donnent tant de mal. Et un régime de bananes vertes oscillant en bout de bôme.

Trois jours durant les voiliers dérivent comme des crabes sur le fleuve équatorial, glissent sur un miroir sans air occupés à attraper les îles Chagos.

L'archipel des Chagos, joyau situé au cœur de l'océan Indien, rayonne sur l'esprit des marins. Le Grand Banc, haut fond de sables sur lequel on peut asseoir ses goûts, écouter et contempler le concert volant de milliers d'oiseaux de mer, a tôt fait de vous détacher d'habitudes pratiques, de remettre l'esprit en chemin, suggérant des fenêtres ou des portes à ouvrir.

- Pour rêver s'il vous plaît ?
- Prenez la porte.
- Avec plaisir, merci.

L'imaginaire est en fête, enveloppé de peau éthique, corps libre d'impressions ou d'expressions. Des lieux aquatiques éthérés se prêtent volontiers aux ébats du peuple des rêves. Autour du Grand Banc les marins ont le choix, ancrer leur voilier ou encrer leurs rouleaux de marques indélébiles tant qu'ils ne sont pas pressés. L'atterrage peut se faire à l'atoll Salomon situé au Nord du banc et au Sud de l'équateur comme quoi on peut se trouver au Nord comme au Sud dans un même temps sans s'égarer ni se perdre. Atoll de type annulaire, on y entre par une passe étroite, excellent abri c'est l'endroit rêvé à l'envers. Il est protégé d'une couronne de onze îles, théoriquement inhabitées depuis que la très puritaine Angleterre en a chassé les insulaires.

histoires inexpliquées des îles inexplicables

Certains soirs assis près du feu de bois le mousse écoutait le grand-père raconter les récits qu'il tenait lui-même du grand-père de son grand-père jusqu'au grand paire d'oreilles qui avait tout entendu dans une taverne de la bouche d'un marin parti un vendredi et revenu d'une autre vie.
Le mousse grandissait sur la lande, niché dans une bâtisse de chaume enveloppée d'eaux, d'heures matinales, d'odeurs matinales, de départs à la marée de l'aube.

Á la courbe verte de l'eau
Á la brume qui s'évanouit
Soupire le vieux bateau
Á la rosée qui luit
Sous la verte mousse
Et les vieux chênes
Dorment des rêves de mousse
Des songes sans chaines

Marin, il navigua pour un vieux capitaine, étrange, qui l'initia à la manœuvre des voiliers d'une manière avantageuse, le capitaine Débridé des Anciennes Nouvelles Hébrides, maître à bord de la brigantine Âme Océane. Son journal de bord rédigé à la plume de calmar trace de vastes routes.

Combien de voyages
Dans ces nuages
Passés
Avons nous rêvé
Sages

Sauvages
Aux îles ensoleillées
Entêtées
Avant que le sillage
Onde de passage
Á l'horizon cherché
Les clefs nous ait données

Ou encore l'Aurore,

De voiles
En étoiles
J'ai brisé les chaînes
Loin de la haine
Je parcours l'espace immense
Des pays flamboyants
J'ai mis le bleu
Reflet d'azur
Soleils de feu
Sur les amures
Des mousses blanches
Eclats mouvants
Au mât qui penche

Le matelot prit de l'âge et de la bouteille, devint capitaine à son tour puis affréta un navire.
Capitaine Ancier Dubar, maître à bord du Dumas d'Artimon entrant dans l'océan Indien.

Un brick goéland passe en tirant son bord d'eau devant une île cocotière
L'écoute étant tendue
Mâts noirs anciens voiles hauturières
Le capitaine Ancier Dubar surveille le bosco Paul Amine

L'homme de barre bituré et la vigie belote
Le boulanger veille au grain et pétrit l'appât
Les gabiers de misaine grimpent aux haubans du Dumas d'Artimon
De la compagnie des mers tropicantes armé au troc
Pour courir aux comptoirs d'eaux riantes
Ses hautes cales pleines de calottes
Ses basses cales remplies de calebasses
Un jeu de quilles tout au fond
Le phoque a été débarqué
Les perroquets se sont envolés
Peau d'âne le chat peau d'âne du capitaine
S'envole dans la brise pure
Et va se poser sur l'île déserte
La femme du boulanger
La Mère Miche hèle qu'elle a perdu son chat
Le Dumas d'Artimon vire sur l'élan tournoyant
Et va dans la passe mouiller son grappin
Lorsqu'ils posèrent leur encre sur le fond
Le lagon devint bleu de Chine
Et les poissons d'en crier de joie
Les grosses patates décorailles firent quelques chinoiseries
Il fallut expliquer que c'est selon
Qu'elles auraient aussi bien pu se trouver teintées d'or riant
Que de toutes façons on ne peut satisfaire tout le monde
Les matelots coloriés debout sur le pont
Avec leurs matelotes qui savent si bien mateloter le gréement et la fibre
Etaient là grands yeux brillant du vent
La harangue salée les cheveux chanvrés surliés
Á boire le tafia à leur moque sous un ciel pommelé comme un verger
Les longs cocotiers battaient leurs palmes vertes à la lisière de l'alizé
De temps à autre on entendait le Ploum d'une noix
Qui après un bref envol s'en allait germer sa vie cocotière
Les étendues d'eau s'irisaient d'arcs en ciel
Les oiseaux des îles curieux

Observaient ces drôles de choses qui arrivaient
Et quand un paille en queue plus timoré amerrissait sur le bleu
Y plongeant ses plumes
Il s'envolait rempli d'âme bleue, d'écrits fusant de son bec
Sous l'œil médusé de sa tribu
Ce soir tout le monde dîne autour du poste de barre
Sur la barre à marées Chalicorne un chapeau à cornes
Et Charrette qui avale toutes les arêtes la pupille ombre brillante
Le brick fait de bric et de broc imbriqués de morceaux de cuivre d'alambic sans briques grâce à la vente de briquets amadou revendus à des briquetiers d'alambics en briques était solide et bien briqué à grands brocs sous son gréement brick
Le drôle de bateau peint de nuit bleue
S'endort à la belle étoile posée sur son grand mât
La vigie dore à la flamme
Dans la coque les matelots coloriés et les matelotes bariolées content en riant des histoires de coq à l'âne
Au pont dans les grands hamacs en plein erre
Des rêves dérivent aux rives solaires
Plic ploc le petit Peudo tombe du pays de Sanué
Sa mère la Grando vient le reprendre pour le mettre là eau puis revient arroser copieusement le lagon à toute vapeur
Les matelots et les matelotes ont jailli sur le pont pour rafraîchir leurs couleurs et donner à la Grando des nouvelles de Nestor Nade son cousin qu'ils avaient vu passer en trombe et qui l'attendait pour une fête bien arrosée
Avant de s'évaporer elle laissa un cas d'eau qui alla se la couler douce dans le gros tonneau

Puis vint le temps de l'exploration.
Le capitaine Ancier Dubar ordonne de virer les chaloupes afin de nager aux nouvelles. Elles sont notifiées, roulées puis cachées dans le tronc d'un banian qui se refermera en grandissant.
Avec les saisons ses feuilles mélangent la sève et les mots, assis à son ombrage il faut attendre les automnes poussés par les printemps puis

les étés, elles se détacheront. Mais le temps n'a pas d'importance. Seul le vent…

Une feuille est tombée……

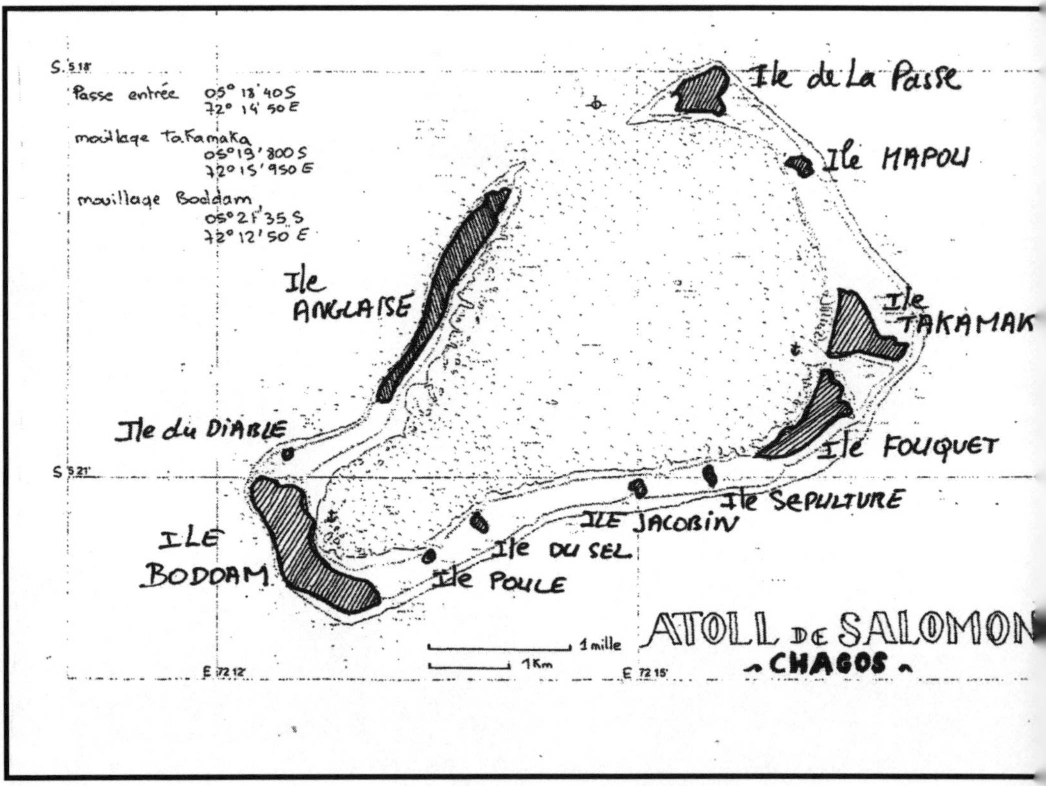

S. 5 18
Passe entrée 05° 13' 40 S
72° 14' 50 E
mouillage Takamaka
05° 19' 800 S
72° 15' 950 E
mouillage Boddam
05° 21' 35 S
72° 12' 50 E
Ile de La Passe
Ile MAPOU
Ile ANGLAISE
Ile TAKAMAK
Ile du DIABLE
Ile FOUQUET
S 5 21'
Ile SEPULTURE
ILE JACOBIN
ILE BODDAM
Ile DU SEL
Ile POULE
ATOLL DE SALOMON
CHAGOS
1 mille
1 Km
E 72 12'
E 72 15'

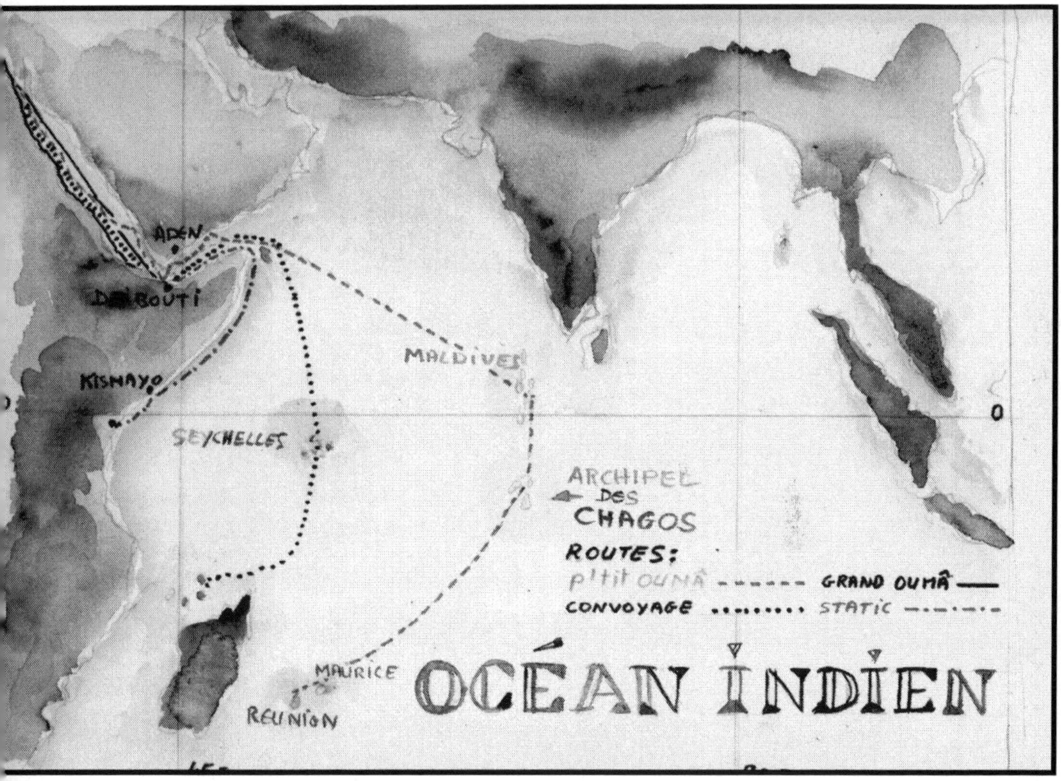
ADEN
DJIBOUTI
KISMAYO
SEYCHELLES
MALDIVES
ARCHIPEL DES CHAGOS
ROUTES:
p'tit OUMÂ
GRAND OUMÂ
CONVOYAGE
STATIC
MAURICE
RÉUNION
OCÉAN INDIEN

ILE DE LA PASSE

Ile passe tout grain
Où passent des grains de pluie
Des grains de sable
Des grimpeurs
Des grains peur
Des grains sucrés
Des gringues
Des grains
Des grains de pluie encore
Des graines en pluie
Des grains grelots
Des petits grains
Des Isengrins
Des gros grains
Des grincements
Des chagrins
Des grains de raisin
Dégringolés
De la bouteille
De Passe tout grain

Le vent, les feuilles........

ÎLE MAPOU

Un homme fou à barbe longue
Longs cheveux et haillons
Fait de grands gestes
Court sans cesse
Le long et le large de la plage
- Le vent m'a poussé là !
- Le vent m'a poussé là !
Et le vent qui l'a poussé là
Moqueur
Le vent qui pousse les mots
Porte les mots
Bouscule les mots
Apporte aux oreilles des marins
Des mots essoufflés
Des mots couchés
Des mots passants
Des mots fous
——-Mapou——

ÎLE TAKAMAKA

Esseulée
Où les vents disent
Takamakaparé
Et je suis toute à toi
Takamakastiyé
Et nous partirons
Sur un navire
Aux voiles palmées
Un anneau de coco
Un anneau de corail
Nous aurons des petits sablés
Et des îles flottantes

Î L E   F O U Q U E T

Île des artistes

Après avoir été disgracié par Louis qu'a tord, Nicolas Fouquet, procureur d'égouts au parlement puis surintendant malentendu des finances, est envoyé en exil dans le Piémont. C'était un homme sensible, généreux, qui favorisa les gens de La Fontaine et les poètes comme Molière ou Duredemain.

Alors qu'il s'ennuie à mourir dans son cachot, les gens de La Fontaine, émus et reconnaissants, écrivent un conte secret qu'ils parviennent à lui transmettre dans un plat de pâtes rouille, lui recommandant de fabuler sur la fable. Á cette œuvre ils mettent leur science et leur plume trempée à l'eau de la fontaine des murmures.

Tandis qu'à une lumière blafarde Nicolas Fouquet lit la fable, sa vie, il se reconnaît, est aspiré, puis enfermé dans le grimoire.

- Oh non, encore !

Un jour de printemps, longtemps avant thermidor le mois du homard, sur une île ignorée un homme dort paisiblement, allongé sur le dos, à la main il a un livre dont les pages dansent avec le vent. Doucement il se réveille, étonné il regarde, des arbres, une végétation tropicale, la mer à perte de vue.

Incrédule, son regard va du paysage au livre, du livre au paysage, puis de joie il pleure, danse et chante en embrassant les pages. La Fontaine vient

de réussir une parabole. Nicolas Fouquet se met à tourner fébrilement les pages qu'il n'a pas lues, madame de la Sablière y recommande de vivement secouer le volume d'où tombèrent des tonnes de sable fin qui, soufflées, dessinèrent de longues plages bien chaudes où il vécu longtemps, comme on dit dans les livres.
Un après-midi de promenade, après avoir pêché et cuit son poisson à un feu de bois allumé en frottant deux pierres de soleil qu'il avait piquées au roi, il rencontre, assis sur une souche, un homme qui peint.
C'est le peintre Jean Fouquet, certain que tous les chemins menant à Rome, en prit un après avoir demandé sa route à un Italien. N'en comprenant pas un mot il lut le plan à l'italienne et se retrouva sur l'île. Ce qui ne l'empêcha pas de peindre un Juvénal des Oursins.
Comment le tableau n'arriva-t-il pas au musée de Louvre ? Mystère du Message Maritime de Louvre Bouteille.

ÎLE SÉPULTURE

Sur l'île sépulture il y a
Toujours une tombe avec
Toujours dessus un tridacne
Toujours blanc et magnifique
Toujours une source fontaine qui
Toujours s'épanche au dedans les jours
Toujours s'y déverse les nuits
Jamais je ne t'oublierai y est écrit à
Jamais
Jamais l'aurore n'oublie
Jamais d'y
Toujours poser un écrin d'émeraude
Toujours à la nuit profonde une petite sorcière triste et malade
Jamais n'oublie de boire l'eau si douce des larmes qui
Toujours pour elle sont des larmes à
Jamais aimées

Toujours pieds nus sur les brindilles cassantes elle trottine
voir si
Jamais sur la mousse humide il reviendrait pour
Toujours
Jamais papillons et feux follets ne s'éloignent de son corps
Toujours en souffrance
Jamais en paix
Toujours ces douleurs d'âme
Jamais en repos
Toujours la nuit elle boit ses larmes versant les siennes
Jamais il ne reviendra elle l'a
Toujours su
Une nuit elle le rejoindra à
Jamais
Ce jour la source fontaine coulera de leurs larmes heureuses
Des larmes de petite sorcière et d'amour

ÎLE JACOBINS

Jacobins :
Républicains intransigeants partisans d'un état centralisé

Sur cette île, celles et ceux qui sommeillent étendus sur les racines d'aulx sauvages, signe d'eau, ou sur la grève, signe de rêve, font le même songe rocambolesque, se réveillant persuadés que l'histoire n'est pas du tout ce que l'on veut nous en faire croire, usurpée par des contrefacteurs.
Sur cette île l'idole est un superbe ara rouge, bleu, vert et jaune aux plumes immenses et brillantes, il s'appelle Jacobinz, c'est un anarchiste. Un vrai au sens dessus dessous de l'expression de liberté qui n'a besoin de chef ni de re-chef. Partisan parti sans laisser d'adresse de l'îlet Tamoué gouverné par le président véreux Rakkam Ambert, il s'envola par delà les flots à la recherche d'une terre libre.

Il la trouve, île flottante à la saison où l'alizé et le courant équatorial la font dériver très au Nord. Après observation des lieux il avise un arbre qu'il dépouille de lanières d'écorce qu'il trempe dans l'eau, tresse, relie à faire un cordage, puis attrape la gomme arabique dans son sac à dos, l'y colle et tire l'îlet vers le Sud pour l'ancrer dans l'archipel du Grand Banc.

Elle tint bon sur sa touée, alors Jacobinz s'endormit, harassé, bien heureux d'avoir pu quitter l'îlet Tamoué pour l'îlet à touée.

Á l'aube il est réveillé par un gigantesque tintamarre tandis qu'il rêve d'arabesques amoureuses dans l'air frais. Par centaines les raies fraient, dansent autour de l'amarre touée, frappant la surface nacrée de leurs ailes noires et blanches.
L'ara conta l'histoire, les raies frappèrent l'eau de plus belle et crièrent :

- Raie ponce ! Raie ponce ! Raie ponce !

Une raie glisse, noire, la peau rugueuse, dit :

- Salut à toi l'ara colleur ! C'est un beau jour pour nous, tu as ramené notre île où nous aimons nous réunir. Je parle en nom de la tribu, ce soir tu es invité à la Raie Union sous l'aristoloche.

En fin d'après midi Jacobinz enfile sa tenue de plongée de chez art aquatique, met son masque ara, plonge vers le pub en respirant l'air volatile de sa bouteille et, dans une féerie de poissons vivement coloriés, traverse les hydrocoralliaires étincelants, puis trouve l'enseigne à l'entrée d'un vaste amphibithéâtre à fond couvert de sable.

Raie Pub, Liqueurs.
Club des partisans d'un état centre alizés,
Amenez vos idées en l'air ou à l'eau.

La nuit étoilée de plancton est resplendissante, agréablement arrosée d'eaux de vies, pleine de raies toriques animées, Jacobinz est élu Grand Arabiscoté de l'Île, des raies acteurs font exploser le spectacle après un concert électrique des raies volts, une raie gaie l'invite à danser, et au petit matin, après avoir avalé un arabica et un pschitteaurange, il fait un stop chez la raie pipi, remonte dans son filao, puis s'endort sur un air de reggae.

Î L E   S E L

L'île du sel brille, suspendue entre mer et ciel, toute blanche,
Retenue par des fils en sel et des algues ondulantes de Laminaria et de Chorda
Dans le lit blanc de l'île du sel
Il y a un grand carrousel en craie sel qui tourne
Un marin dessalé qui prend un bain de sel marin
Une caravane du sel blanc à chameaux blancs sans selle
Un homme statue de sel à cheveux poivrés
Qui joue au violon sel l'air de sel que gemme
Pleins de petits sons clairs cristallins qui sonnent comme une escarcelle
Une bigote à cheveux blancs qui fait son beurre de missels vendus
[en douce
Un boulanger en pâte à sel tout blanc qui cuit des pains de sel
Des bicyclettes à sel chromé
Des sélénites descendus de la lune dans des nacelles
Un clown noir et blanc aux larmes salées qui lance de piquantes
[plaisanteries
Pleines de sel
Des mineurs à la mine crayeuse qui ramassent des crayons à mine de sel
Des arcs en sel
Quarante degrés selsius
Des jongleurs de balle en sel
Des sculpteurs d'étincelles
Que voulez-vous, sel à vie

Î L E   P O U L E

Une poule de la Napoule un peu poule
Arrive à l'île poule
Sur la nappe houleuse
Après s'être échappée de
L'âne à poule
Qui la transportait vers le marché de
La Napoule
Elle y rencontre à huis clos
Un poulpe un peu poulbot
Á huit branches
Octopus à huit ruses
Ventouses et bec
Le poulpe
Et la poule houle
Se prennent de bec
La poule vit sur l'île eau
Le poulpe dans l'eau de l'île

Î L E   D I A B L E

Sur l'île Diable
Il y a plein de petits diablotins
Diables au teint fiévreux
Pêcheurs en diable
Qui tirent le diable par l'aqueux

ÎLE ANGLAISE

Qui originellement était en glaise
Fut recouverte par une Anglaise
Alors qu'elle se découvrait
De son manteau de sable
C'est la faiseuse de clefs des songes
La faiseuse de clefs en glaise
Bleues jaunes rouges ou vertes
Comme on veut
Qui ouvrent les portes à l'envers
Les sabliers qui habitent l'île
Se la coulent douce
Se moquent du temps qui passe
Leurs petits à la peau silice
Mettent du sable à leurs yeux
Et dorment en rêvant
Des clefs en glaise coloriées à la main
Ouvrant des portes allant vers les songes infinis

ÎLE BODDAM

Un matin de juillet la V'limeuse part pour le Sud, pour l'île Rodrigues, cambuse vide, guindeau toujours boudeur, ses marins tristes. Les autres voiliers n'en menant pas large il fallait faire quelque chose, prolonger ces instants où nous partagions les uns avec les autres. Déjà les vivres avaient été réparties en trois afin de préserver cette vie.
Cédric alluma sa bougie. Plongeant sur la chaîne de leur mouillage à quelques heures du départ pour y nouer un cadeau tous les cinq mètres, nous retarderons le départ, la remontée de l'ancre sera plus longue que prévu. Le premier tintement arrivé à l'étrave est une bouteille tenant un parchemin ouvrant la piste aux magots, rhum, sucreries, biscuits, sirop de menthe. La V'limeuse s'en va mais nous goûterons encore à ses rêves d'îles.

Florès part une après midi, emmenant Alfred, Christine et Cédric équipés de l'un de nos cirés échangé contre une bouteille de pétrole pour cuisiner les jours de pluie. Le petit bateau de bois va nous manquer.
Oumâ restera sous ce ciel jusqu'en septembre. Les ruines de Boddam se laissent reprendre par la nostalgie. Au bord de Takamaka, notre salle à

manger, langue de sable sous les cocotiers parasols, nos feux de bois, eux aussi partent, emportés par la mer. Le vent tourne et forcit, y mettant des houles. La fausse passe, d'où nous regardions les requins formidables et les murènes énormes nos mains agrippées à des cordages tendus entre les îles, s'élargit.
Les fruits de l'arbre à pain sont mûrs, nous lançons les cordages par dessus les branches pour grimper, cueillir et descendre délicatement les boules granuleuses à cuire aux claies du fumoir fabriqué d'un fût embouché d'un tuyau qui répand une brume piquante à l'intérieur de la bâtisse de corail. Chaque matin du beau temps nous allons sur les sentes et les platiers, nourris de pulpe et d'eau de coco, jours riches et insouciants, jours heureux. Disparus sous les futaies le chien et le chat mènent une vie à leur guise, sautant à l'eau d'une même patte pour nager vers les plages au dessus de requins placides pas énervés malgré nos inquiétudes.

Les paradis ont leur lot de guerres, lointaines déclarations industrielles qui dépêchent des agents sordides. Légitimement nous consacrons plusieurs journées à soutenir la cause limpide, à nettoyer les plages et les roches, ramasser sacs poubelles, sandales plastiques, ampoules et autres échouages. L'île Boddam a sa déchèterie que gèrent les équipages. Et sa boîte à lettres. Les courriers s'en vont, portés par des facteurs pas trop pressés pour peu que l'adresse et le cap s'accordent vaguement, plis express, s'abstenir. Des voiliers arrivent de l'Est ou amènent du Sud, troquant la farine ou le sucre à nos papilles sevrées, contre de la langouste.

Au retour d'une balade sous marine solitaire je rencontre Barry Barracuda, j'avais entendu parler de lui, un soir à bord d'un bateau. Un éclair a jailli d'une boule de corail isolée où le lagon promène de mystérieux rideaux laiteux. Près de ses deux mètres mouchetés et de ses armes, j'eus peur, puis me calmai. Barry, son flanc engravé de cicatrices, assurance de ses combats, guerrier à la cuirasse hérissée, idole protégée de quelques visiteurs aquatiques, tenait ses sabres rangés.

Le ciel se couvre plus souvent, les grains courent sur le lagon, annonçant à coups fréquents le changement de saison, le temps s'accélère. Une fête entre marins dans le fumoir transformé en piste de danse, doublement baptisé Watch Your Head Club (attention à votre tête, la porte est basse). Surtout pour rappeler à ceux qui quittent ce lagon au charme bouillonnant, de prendre soin de leur tête et de leur cœur. Sous l'abri de corail filles et garçons tourbillonnaient comme des poissons papillons. Richard aussi prépare son voilier sur lequel, un jour de Juin, il réussit à cuire le gâteau de mon anniversaire. Avec de maigres restes et une imagination artistique éblouissante il offrit une pâtisserie digne des bons arts.

Nous débourrons une trentaine de noix de coco à fourrer dans les équipets. L'ancre démanillée solidement fixée dans la cale, les manœuvres gréées, nous ouvrons les ailes, puis partons sans vraiment nous en rendre compte, ni comprendre pourquoi, vers un Sud où le ciel mûrit la proche saison des cyclones.

LE GRAND PAYS

Nous n'avions pas oublié ce qu'est la haute mer. On ne désapprend jamais ce que l'on sait d'elle. Au bord des plateaux où brisent ses rouleaux fracassants, elle nous tenait fermement par ses grondements parfois inquiets, parfois murmurés, ses appels magnétiques.

Après une journée de grâce sous spi dans l'Ouest du Grand Banc des Chagos, les Trois Frères, l'île de l'Aigle et finalement l'île du Danger s'estompent, on ne sait plus très bien si l'on s'éloigne d'elles ou si elles désirent une saison de paix au sein de l'océan. Des voiles de fous de Bassan éclaircissent le ciel par milliers, hurlent et plongent en avalanche dans la mer éclaboussée, frôlant la coque à la limite du raisonnable…

Folies magnifiques.

Le voilier entre dans un sévère coup de vent. Une dépression tropicale se forme à son berceau nourricier du Sud-est de l'archipel, nous partagerons son chemin d'équinoxe durant huit jours, tâchant d'oublier nos peines et nos soucis d'avoir quitté un si beau sort. L'océan se durcit à devenir intenable pour notre allure de près, la coque grimpe sur les vagues interminables des grandes houles, puis retombe dans les creux en explosions de coups de canon. Grand voile brassée à deux ou trois ris, yankee roulé de 6 tours. Non ! Pas yankee ! ça sonne comme une trompette martiale. Clin foc ! ça claque mieux dans l'air et c'est exactement ce qu'il fait, souvent.

Oumâ s'en va dans la tempête. Les premiers jours sont difficiles. Dans le cockpit je reste à surveiller notre petit cheval d'écume qui cavale comme un fou, enivré de sa course. La bannette arrière rend tous ses soleils, Dom a la peau aussi safran que ses cheveux, la pauvrette n'en finit pas de verser son cœur dans un seau, blottie contre moujik qui accentue le tableau de ses poils jaunes, et le chat jette deux gigantesques yeux citron.
Les vagues éclatent, raisonnant comme des cymbales, envoyant régulièrement la bôme traîner dans l'écume, le bateau a droit à notre gratitude, il se comporte en vrai loup de mer, franc et décidé. Pourtant j'ai peur d'une blessure aux lames énormes qui déboulent par intervalles, le secouant terriblement. Sur le flanc d'une montagne grise un chaos l'enferme puis le couche quelques instants, le caisson de la survie a bougé, détendant ses liens. Je signe l'accusé de réception du volumineux paquet de mer et change d'adresse. Du mou aux écoutes pour quelques degrés écartés du vent, le voilier reçoit mieux l'océan pour gagner son sillage. Soulevé par une profonde respiration du large, il descend au fond de vallées, infinies traversées, et en profite pour accélérer. La survie est traînée au fond du cockpit, bien calée. Plusieurs fois par jour il faut faire le tour du gréement, s'assurer qu'il tient bon parce qu'il n'est plus question de changer l'angle du vent qui vient dans nos voiles. Á l'Ouest de l'alizé renforcé de la dépression qui envoie sa tourmente, gisent derrière l'horizon, sur un cap plus confortable, le haut fond des Mascareignes et l'archipel Cargados Carajos étiré en arc sous le phare Albatros. Aller se frotter à leurs vagues dressées serait courir au vent d'une déroute. Nous gardons précieusement notre course.

Cinq jours que je n'ai quitté le ciré et les bottes, grappillant de petits sommes noyés d'images fulgurantes, allongé sur le plancher de la coursive je dois avoir une tête de monstre marin, mais on s'habitue. Dom émerge de la torpeur pour manger des petits pois froids à même la boîte piochée dans la réserve gros temps, elle aussi s'habitue.
Six jours inconfortables depuis l'atoll Salomon, un ciel gris, trop bas le jour, inquiétant au cœur des nuits déchirées de nuages noirs en barbes - nuages à barbe, signe que ça barde. Á l'aube le vent monte à 45 nœuds

puis redescend à 35 nœuds aux crépuscules emplis d'ombres. De violentes rafales parcourent l'océan, faisant gronder le mât, siffler les haubans et douter le voilier qui projette des gerbes de géant à coups d'étrave. Toujours pas de place pour les rêves. Inquiet, le chien sort dans le cockpit verser une modeste contribution à la pluie, il se couche puis lâche un filet qui nous soulage autant que lui. La folie du chat – c'est bien ce qui leur donne ce charme fou, l'entraîne en bout de bôme à jouer avec les cordages, une vague le renvoie, détrempé, direction la descente, oreilles couchées, l'air dégoûté et drôlement vexé.
Je me décide à faire présent de ma confiance au petit Oumâ en retour du bel effort qu'il nous offre, de ses vagues et de son vent il peut faire ce qui lui plaît. Mon ciré rouge transformé en épiderme, j'ai mué d'une nouvelle peau comme un lézard change son cuir à la saison, et hormis l'odeur qui me placerait en bonne position à un concours organisé par des phoques, je me sens bien. Vraiment bien. Solidement attaché au pied du mât j'admire l'extraordinaire beauté de cet océan, la puissance qu'il dégage – je ne trouve plus mes mots, ils ont roulé sur le pont, je vis des instants importants, j'en ai la profonde sensation.
J'ai ce sentiment du lien, de respirer l'effort de vie que sans cesse prodigue la mer.

Un jour les nuages s'ouvrent, laissant le soleil allumer ses feux éclatants sur l'océan, c'est bon de recevoir et de voir ses rayons chauds s'insinuer dans le voilier, ils touchent des objets qui alors dansent une histoire dorée, ces traits nous détendent totalement, tellement nous les ressentons jusqu'au fond des tripes. Le vent continue de mollir, à renvoyer de la toile, plein de toile, je m'extirpe de ma peau rouge d'indien océanique pour enfin pouvoir me laver dans la jupe à grands seaux d'azur. C'est infiniment bon.
Et puis boum ! En même temps que l'explosion je saute à bas de la bannette du carré où je me reposais, innondé des cascades du soleil, Dom, rêveuse, bercée contre l'autre bordé, s'éjecte à la détonation.

- Le mât !

C'est la ruée au premier arrivé sur le pont pour goûter au triste dommage…

Bonne fortune ! Debout, toujours il crayonne l'air sur la mer agitée, mais plusieurs mètres au dessus de l'étrave la voile a emporté le hauban et son ridoir brisé, l'enrouleur a suivi. L'étai largable, toujours à poste au large, petite manie attisée par une fièvre vigilante, a retenu le mât. En équilibre entre le dommage et la chance nous partons à la pêche aux oiseaux pour ramener un lot de tissu, cordages et métal entremêlés, la voile est dégréée, le hauban raidi au guindeau à l'aide d'une aussière passée sous la poulie du davier, un foc est envoyé sur l'étai de secours.
Au petit trot le voilier continue, peu pressé d'arriver, la dépression s'est effondrée, l'alizé souffle, régulier.

Avant dernier jour. Un cargo nous accompagne sur une route parallèle. Dans la demi pénombre étoilée, l'île Serpent, puis l'île Ronde, à peine dessinées, nous fascinent d'une hauteur démesurée, elles s'emparent de notre réalité nourrie d'horizons marins, de terres basses et de perceptions depuis huit mois. Au dessus de l'île Maurice plane une lueur orangée, signal des hommes, le champ des sensations change. Oumâ approche d'une côte, il se prépare à l'atterrage, sur bâbord l'île n'en finit pas de nous impressionner, elle semble si grande, si haute.

Mer Rouge 1999 - Pulau Singa Besar 2015

READY TO HARVEST, JOST AMMON, 1588

LE BÉRÖÉ , premier voilier,
Ketch aurique en bois,
Coque de Sinagot, 14 mètres ht bordé classique,
Construit en 1954 au chantier Orgebin à La Trinité sur mer
Stages d'escalade dans les calanques de 1982 à 1985

OUMÂ Keragan,
Cotre de 10 mètres acier, quillard,
Construit en 1986 à Hauteville/mer.
Navigation en Manche, navigation fluviale jusqu'en Méditerranée, mer Rouge, ocean Indien,Chagos, jusqu'à l'île de La Reunion en 1989

Grand OUMÂ, JNF 38,
Cotre de 12 mètres en acier
Dériveur lesté construit en 1994/95 à Lessay
Navigation de 1995 en Atlantique, Gibraltar, Meditérranée, mer Rouge, Golfe d'Aden, retour Méditerranée jusqu'en 2003

OUMÂ Jaune , Gibsea 402
Sloop de 12 m coque polyester, quillard
Parti de Camaret en 2010, Atlantique, Panama
Ocean Pacifique, Torrès
Ocean Indien, Thailande en mars 2015 où je termine à bord la mise en page de ce récit sur la mer Rouge

HISTOIRE DES BATEAUX

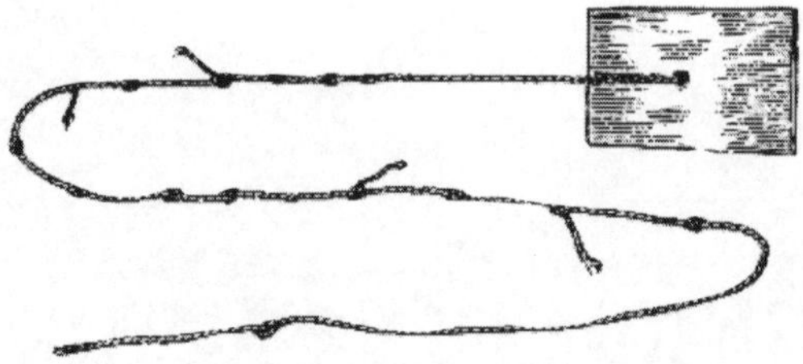

Le KAMAL

Brève explication du Kamal

Le Kamal est l'instrument de calcul de la latitude adapté à la polaire et aux étoiles circumpolaires, il est composé de trois parallélogrammes de tailles différentes, une ficelle à nœuds passant par chacun des trois centres. Sa pratique implique que le bord inférieur du rectangle (ou du carré) de bois ou d'os affleure l'horizon vu par l'œil tandis que le bord supérieur tangente l'étoile observée, les nœuds de la cordelette tenue entre les dents, selon que le bras soit allongé ou plié – la coudée - indiquent une mesure de référence relative à l'un des nœuds. Cette manière suppose une connaissance astronomique préalable et des routes connues par les pilotes des navires qui naviguaient jusqu'à la latitude recherchée puis prenaient un cap à l'Ouest ou bien à l'Est selon le port de destination.

Glossaire

Amer : point remarquable à terre
Aussière : cordage d'amarrage
Appachoné : être soumis à, dépendre
Barbotin : poulie du guindeau
Carré : salon du bateau
Canoun : foyer en terre cuite
Davier : passage de la chaine de mouillage à l'étrave du bateau
Dérive : appendice mobile de la carène
Djabana : cafetière éthiopienne en terre cuite
Djambia : poignard yéménite
Djebel: mot arabe, montagne, élévation
Echelle beaufort : graduation de la force du vent
Embossé : amarré à une bouée
Empannage : changement de bord des voiles
Folle du logis : l'imagination
Fouta : vêtement traditionnel de la Péninsule arabique, tissu porté par les hommes comme un pagne
Haboob : vent de sable chaud des régions désertiques de l'Afrique de l'Est
Houri : petit voilier de pêche à voile triangulaire et antenne
Khat : voir qât
Kebir : mot arabe, grand, (opposé à Saghir : petit)
Liston : jonction entre la coque et le pont d'un bateau
Marsa : mot arabe : baie marine
Mille nautique : 1852 m

Nakhuda : mot arabe, capitaine ou patron d'un bateau
Nœud : unité de mesure de vitesse, 1 nœud = 1 mille
Nordet : vent de Nord-est
Noroît : vent de Nord-ouest
Nœud de chaise : nœud marin
Puits de dérive : logement de la dérive
Qât : plante psychoactive (Catha edulis) dont on mâche les feuilles contenant un stimulant proche de l'amphétamine
Rabanter : attacher une voile affalée sur sa bôme
Rabouter : rallonger un cordage avec un autre
Reg : mot arabe, désert de pierre (Erg, désert de sable)
Taud : Toile à étendre au dessus du pont pour se protéger du soleil
Zaranig : anciennement pirates de mer Rouge
Zaroug : voilier rapide des zaranigs

En aucun cas les coordonnées geographiques citées ne doivent être utilisées pour la navigation

Illustrations

Croquis, aquarelles et dessins : Véronique *H* Costes

Photographies : Dominique & François Umâ Garcia

Excepté:

p 57, Merou, encre, François Umâ Garcia

P 97, Dhow, sambuq, British Yemeni Society

p 108, Illustration Baghlah, François Edmond Pâris, Souvenir de marine 1882
Illustration Cutch Dungiyah, François Edmond Pâris, Souvenir de marine 1882

p 130, Carte Marine SHOM

p 134, L'alchimiste et l'Ange considérant les merveilles de la création, Museum hermeticum reformatum et amplificatum, 1678

p 144/145, Massawa, photo de Firmin André Sallès, bibliothèque nationale

Couverture : Composition , aquarelle et photo, Véronique *H* Costes
Première page: Dessin , François Umâ Garcia

Table

CARTES

La maquette de ce livre a été réalisée à bord de Oumâ. Nous avons utilisé l'énergie solaire de nos panneaux, imaginé les solutions nécessaires à ces conditions de travail sur un voilier en route, aussi soyez indulgents si vous trouvez quelques erreurs.

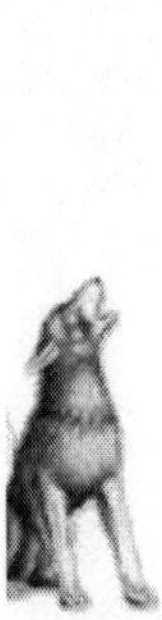

«Dépôt légal, 3 ieme trimestre 2015»

11823112R00172

Printed in Great Britain
by Amazon.co.uk, Ltd.,
Marston Gate.